KB150226

나는 왜 자꾸 눈치를 볼까?

열네 살부터 시작하는
첫 자신감 수업

나는 왜 자꾸 눈치를 볼까?

초판 1쇄 인쇄 2019년 1월 18일
초판 1쇄 발행 2019년 1월 25일

지은이 캐티 케이·클레어 시프먼 옮긴이 하연희

펴낸이 이상순 주간 서인찬 편집장 박윤주 제작이사 이상광
기획편집 김현정 박월 이주미 이세원 디자인 유영준 이민정
마케팅홍보 이병구 신희용 김경민 경영지원 고은정

펴낸곳 (주)도서출판 아름다운사람들
주소 (10881) 경기도 파주시 회동길 103
대표전화 (031) 955-1001 팩스 (031) 955-1083
이메일 books777@naver.com 홈페이지 www.books114.net

리듬문고는 (주)도서출판 아름다운사람들의 청소년 브랜드입니다.

ISBN 978-89-6513-534-0 03190

THE CONFIDENCE CODE FOR GIRLS

이 도서의 국립중앙도서관 출판예정도서목록(CIP)은 서지정보유통지원시스템 홈페이지(http://seoji.nl.go.kr)와
국가자료종합목록시스템(http://www.nl.go.kr/kolisnet)에서 이용하실 수 있습니다. (CIP제어번호 : CIP2019000558)

파본은 구입하신 서점에서 교환해 드립니다.

777봉숭아틴트 폰트 저작권자 유토이미지(UTOIMAGE.COM)

열네 살부터
시작하는 첫
자신감
수업

나는
왜
자꾸
눈치를
볼까?

FOR
GIRLS

캐티 케이·클레어 시프먼 지음 | 하연희 옮김

리듬문고

차례

제1부

그 친구는 왜 자신감이 있을까?

제2부
자신감은 과학이다

제3부
나한테 잘해야 자신감이 쌓인다

우리를 도와줄 친구들을 소개할게!

작가의 말

캐티

클레어

용기를 끌어올려서 결코 쉽지 않은 일을 시도하고 난 뒤 뿌듯하게 차오르는 느낌, 혹시 느껴 본 적 있어?

그게 바로 '자신감'이야. 자신감은 두렵고 떨려도 확신을 잃지 않고 목표를 향해 전진할 수 있게 해 주는 힘이야.

자신감이 생기면 어떤 기분이 들까? 소녀들에게 질문해 봤더니 다양한 이야기를 들려줬어.

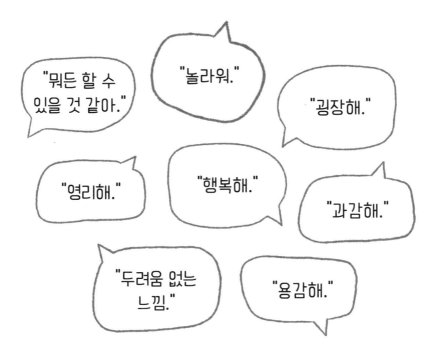

우리는 몇 년 전에 여성과 자신감에 대한 책을 쓴 적이 있어. 그 책이 베스트셀러가 됐을 때 깨달았지. '아, 더 과감하고, 더 용감하고, 더 당당한 삶을 누리는 데 필요한 자신감이란 힘에 대해 궁금해하는 여성들이 이렇게나 많구나.' 조사를 하면서 재미있는 사실을 계속해서 발견했어. 예를 들면 쥐도 자신감을 느낄 수 있고, 쥐가 느끼는 자신감을 수치로 측정할 수도 있다는 사실! 그리고 무엇보다 '자신감을 상승시키는 공식'을 찾아 냈다는 사실이 정말 중요해!

이제 그 공식을 너희들과 공유하려고 해. 학자들이 그러는데

10대 시절이 자신감을 키울 수 있는 최적의 시기래. 최적의 시기에 온 걸 환영해!

이 책에는 자신감 상승 공식을 더 재미있게 익힐 수 있도록 다양한 사례, 퀴즈, 삽화가 담겨 있어. 그리고 이 책에 나오는 내용은 모두 자신감에 능통한 과학자들과 전문가들이 확인하고 근거를 제시했기 때문에 믿을 수 있지.

앞에서 소개한 친구들 케일라, 이마니, 앨릭스 기억하지? 그 친구들도 모두 자신감을 키울 필요가 있어. 걱정이 많고, 해 보지 않은 일을 시도하기를 주저하고, 자기 자신을 있는 그대로 받아들여도 되나 고민하고 있으니까. 앞으로 이 세 친구들이 활약을 펼치게 될 거야. 그리고 세 친구들을 포함해서 이 책을 보는 누구나 문제 앞에 직면했을 때 "안될 거야"가 아니라 "안 될 게 뭐 있어?"라고 생각하게 되면 좋겠어.

자신감은 중독성이 있어. 한번 맛보면 계속해서 횟수와 강도를 늘리고 싶어지지. 그러니까 같이 시도해 보자고. 자꾸 연습하다 보면 어느 사이에 자신만의 자신감 상승 공식이 만들어져 있을 거야. 그리고 이전에는 상상조차 하지 못했던 일에 도전하고 있는 자신을 발견하게 될 거야!

책 미리 보기

행동하는 친구들:

자신감을 추진력 삼아 한계를 넘어선 평범한 친구들을 소개할게.

자신감 클로즈업:

자신감을 키우려고 고군분투하는 친구들의 현실적인 이야기를 들려줄게.

자신감 워밍업:

자신감을 키우기 위해 평소에 해 볼 수 있는 활동을 소개할게.

퀴즈:

친구들의 사례와 전문가들의 이야기를 바탕으로 만든 퀴즈를
풀면서 자신감을 키우는 방법을 배울 수 있어.

자신감 수수께끼:

정답이 하나로 정해지지 않은 난해한 문제를 제시하고
함께 고민하는 코너야.

직접 들어 보았다!:

친구들에게 직접 들은 이야기들을 모아 봤어.

꿀팁!:

자신감을 '실천'하는 데 필요한 팁들을 보기 쉽게 정리해 놨어.

그 친구는
왜 자신감이
있을까?

케일라, 위기를 맞다(1편)

다음 편에 계속

제1장
자신감, 어디까지 알고 있니?

자 신감? 자신감이 뭐지? 내가 생각하는 가장 기본적인 뜻은 '생각을 행동으로 옮길 수 있는 힘'이야. 수학 공식처럼 표현하면 이렇게 되지.

생각 + 자신감 = 행동

과학 실험실을 한번 상상해 봐. 한쪽 비커에는 '생각', 다른 비커에는 '자신감'이 들어있고, 이 둘을 섞으면 '행동'이라는 멋진 폭발이 일어나는 거야.

자신감이 있으면 어렵고, 무섭고, 불가능해 보이는 일들을 해낼 가능성이 높아져. 그렇다고 높은 절벽 위에서 대책 없이 뛰어내리라는 말은 아니야. 자신감이 없을 때보다 있을 때 해낼 수 있는 일이 많다는 이야기를 하고 싶은 거지. 매일 똑같이 되풀이되는 일상에도 자신감은 필요해.

케일라가 농구부 입단 테스트를 볼 때도 자신감이 필요했어. 자신감은 하고자 하는 일을 이룰 수 있게 도와주는 마음속 코치 같은 거야.

"수업 시간에 도저히 손을 못 들겠다고? 왜 이래. 전에도 했잖아. 그냥 과감하게 손을 번쩍 들고 답을 외쳐. 할 수 있어."

퀴즈

다음 중 어떤 때 자신감이 필요할까?

1. 이브는 해너와 친하게 지내. 둘은 쌍둥이처럼 붙어 다녔는데 어느 날 해너가 이브의 새 헤어스타일을 보고 놀렸어. 이브는 배신감을 느꼈지만 해너와 사이가 어색해질까 봐 말을 못 하다가 결국 솔직하게 털어놨어.

2. 케이트는 수학을 좋아하고 잘해. 그래서 더 잘하려고 노력

했고 숙제도 성실하게 했어. 그랬더니 선생님이 수학경시대회에 출전해 보라고 말씀하셨어. 대회에 출전해서 좋아하는 수학 문제를 실컷 풀 수 있다니, 꿈만 같아.

3. 이사벨라는 학교 무대에 오를 뮤지컬 '미녀와 야수'의 오디션을 보려고 해. 대사와 가사는 모두 외웠어. 노래하는 걸 좋아하지만 수많은 관객 앞에서 불러 본 적은 없어. 레슨을 받은 적도 없기 때문에 발성이 제대로 될지도 모르겠고. 오디션에 나가는 게 너무 떨리지만 그래도 해 보기로 결심했어. 오디션 결과는… 탈락이었어.

● **정답**

1번이나 3번, 혹은 두 가지를 다 골랐다면 정답! 친구에게 속내를 털어놓은 이브와 뮤지컬 오디션에 참가한 이사벨라에게는 자신감이 필요해. 2번 케이트가 이 과제를 해내는 데는 큰 자신감이 필요하지는 않아.

1. 이브는 솔직히 고백할 경우 해너가 기분 나빠할 수도 있다는 점을 감수하고 자신의 속내를 털어놓았어. 이를 통해 두 사람 다 서로에게 진실해야 한다는 사실을 깨달았고 상대방에게 상처를 주지 않으려고 노력하게 되었지.

2. 케이트는 수학경시대회에 출전했지만 수학을 평소 좋아했고 잘했으니 그리 큰 도전은 아니었어. 자신감을 끌어올리려면 더 큰 도전 과제를 만나야 해.

3. 이사벨라는 오디션에 참가하기까지 꽤 큰 자신감이 필요했어. 오디션에 통과하지는 못했지만 뮤지컬 무대에 서고 싶다는 열망을 확인할 수 있었던 기회였지. 다음 오디션에는 준비를 더 많이 하고 도전할 생각이야. 무대에서 목소리가 가늘어지거나 떨리지 않도록 레슨도 받을 거고. 오디션에 떨어진 사람들은 많지만 그렇다고 그들의 인생이 끝난 건 아니야. 위험을 감수했고 실행에 옮겼다는 게 중요한 거지.

세 친구들의 이야기가 말하고 싶은 핵심은 '실행'이야. 다이빙 보드에서 뛰어내려 보거나 이전에 해 보지 않았던 스포츠를 시도해 보는 것도 좋고, 뭔가를 만들거나 말해도 좋아.

자신감에 대해 감이 조금 잡혔다면 빈칸을 채워 보자.

"자신감은 _____(이)다."

실행하고 행동하는 사람들의 삶은 그야말로 역동적이야. 힘차고 활발하게 움직이지. 그럴 수밖에 없어. 쪼그리고 앉아 걱정하면서 다른 사람들에게 일어나는 사건을 구경만 하고 있을 수는 없잖아? 그 사람들 틈으로 과감히 뛰어들어 사건의 일부가 되고 스스로 모험을 즐겨 보면 어때? 아직 실력은 없지만 스포츠부에 들어가고 싶다고? 자신감이 생각을 행동으로 옮길 수 있는 추진력이 되어 줄 거야. 블로그나 다른 SNS에 글을 올려서 사람들과 나누고 싶다고? 역시 자신감이 관건이지. 평범한, 있는 그대로의 나를 보여 주고 싶다고? 그럴 때도 자신감이 필요해. 머리카락을 염색하거나 개성 있는 스타일로 나를 꾸미고 싶다고? 당연히 자신감이 필요해. 다음 이야기에 나오는 에이바는 자신감을 발판으로 중요한 목표를 이룬 친구야.

자신감 클로즈업

에이바는 사진 찍는 걸 좋아해. 스마트폰에는 사진 앱과 필터를 한가득 다운로드 받아놓았어. 요즘은 생일 선물로 받은 구형 카메라에 푹 빠져 있어. 항상 들고 다니면서 뭐든 찍지. 금 간 벽돌, 하늘, 길에 굴러다니는 쓰레기, 남의 집 대문, 자전거, 가리지 않고 다 찍어. 그런데 사실 가장 찍고 싶은 건 인물 사진이야. 토실토실한 아기부터 주름이 깊게 팬 할머니까지, 표정도 외양도 제각각 다른 사람들을 카메라에 담고 싶어. 인물 사진을 찍으려면 허락을 받아야 하는데 에이바는 수줍음이 너무 많아서 처음 보는 사람에게 다가가 부탁하는 게 힘들어. 한번은 버스 정류장에서 특이한 콧수염을 기른 아저씨를 보았고 길을 걷다가 양손 가득

짐을 들고 낑낑대며 걸어가는 아주머니도 보았어. 사진을 찍고 싶어서 어떻게 부탁할지 몇 번을 되뇌며 연습까지 했는데, 결국 가슴이 떨려서 그대로 돌아서고 말았어. 시도조차 하지 못한 자신에게 화가 났지. 그러다 공원에서 태극권 연습을 하는 무리와 맞닥뜨렸어.

이번에는 도저히 놓칠 수 없었어. 수줍음을 꾹꾹 누르고 크게 심호흡을 한 뒤 사람들에게 다가가서 사진을 찍고 싶다고 말했어. 그랬더니 흔쾌히 허락해 줬어! 그날 에이바는 인생 사진을 건졌지.

아직도 낯선 사람들에게 선뜻 다가가게 되지는 않아. 큰 마음먹고 부탁했는데 퉁명스럽게 거절하는 사람도 많고. 그렇지만 용기를 내어 부탁하는 횟수가 늘어날수록 에이바의 사진 파일도 풍성해지고 자신감도 함께 올라가고 있어.

자신감이 필요할 때

사람마다 자신감이 필요한 경우는 다 달라. 친구들에게 언제 자신감이 필요했는지 물었더니 이렇게 답해 줬어.

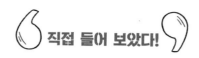

직접 들어 보았다!

"친구가 SNS에 나와 같이 찍었던 사진을 올리면서 내 얼굴만 잘라 냈어. 그 이유가 뭔지 친구에게 물었을 때."

"잘못한 일을 부모님께 고백했을 때."

"겁이 나지만 왕따 문제를 고발했을 때."

"학교 육상부에 들어가기 위해 시험을 볼 때."

"말을 줄이고, 상대방 말에 귀를 기울이고, 나보다 상대방을 먼저 생각해야 할 때."

"수업시간에 발표할 때."

"심한 몸치라 체육 시간마다 자신감이 필요하다."

"친구들에게 내가 하고 싶은 대로 하겠다고 말할 때. 그렇지만 친구들이 만나자고 하면 싫다고 할 용기는 아직 없다."

"새로운 사람을 만날 때."

자신감 워밍업 🏋️

자신감을 키우려면 일단 자신만의 자신감 상승 공식을 만드는 데 필요한 도구를 모아야 해. 연필과 공책이면 충분해. 핸드폰이 있으면 사용해도 좋아. 그러나 과학자들에 따르면 손으로 직접 쓸 때 내용이 머릿속에 더 깊이 각인된대.

숙제처럼 느껴진다고? 귀찮다고? 그래도 스스로 더 멋진 사람이 되기 위한 과정이니 긍정적으로 생각하자고.

먼저, 자신 없는 일이 무엇인지 생각해 보고 하나씩 적어 봐. 그리고 맞은편에는 좋아하고 잘하는 일을 적으면 돼. 이렇게!

좋아하고 잘하는 일	자신 없는 일
농구	국어 시험
핸드폰 게임	낯선 사람에게 말 걸기
과학 실험	있는 그대로의 나를 보여 주기

있는 그대로의 나를 보여 주는 데 어마어마한 자신감이 필요한 경우도 있어. 10대 때는 스스로를 정의하고 독립적인 존재임을 과시하고 싶어 하면서도, 동시에 또래문화에 녹아들어야 한다는 강박관념에 시달려. 그래서 자신만 겉도는 듯한 느낌이 들면 당황하게 돼. 예를 들어 자신이 학교에 몇 안 되는 다문화

가정 아이라면, 있는 그대로의 자신을 드러내는 데 용기와 자신감이 남보다 많이 필요할 수 있어. 동성친구에게 애정을 느끼는 경우에도 진솔하게 감정을 표현하기 위해 더 큰 자신감을 끌어올려야 할 수 있고. 많은 사람들이 '정상'이라고 생각하는 것들에 도전할 때마다 자신감이 필요해.

● 자신감을 만드는 자세 ●

자신감을 빠른 시간 안에 확 끌어올리는 방법이 있을까? 당연히 있지. 꼿꼿이 서서 양팔을 양옆으로 곧게 뻗어 봐. 손바닥을 바깥쪽으로 향하게 하고 그대로 3분을 버텨. 60초를 3번 아주 천천히 세면 돼. 아니면 허리와 등을 꼿꼿하게 펴고 앉아 봐. 잔소리하지 말라고? 잔소리 아닌데! 우리가 인터뷰한 과학자들이 이 두 가지 자세를 따라해 보면 내면으로부터 힘이 솟아오르고 짧은 시간 안에 자신감을 올릴 수 있다고 했어. 그러니까 귀찮아도 한번 해 봐.

자신감 있는 척하는 사람들

자신감이 넘치는 것처럼 보였던 사람들이 실상은 전혀 그렇지 않은 경우를 본 적이 있을 거야.

자신감 있는 척하는 사람들의 특징

♦ 잘난 체하거나 반항적으로 행동하고 거만하게 군다.

♦ 일부러 큰소리로 떠들고 대화를 가로챈다.

♦ 다른 사람들을 깎아내려야 자신이 돋보인다고 믿는다.

♦ 제멋대로 행동한다.

♦ 다른 사람들의 부러움을 사기 위해 외모에 지나치게 신경을 쓴다.

♦ 무엇이든 1등을 해야 직성이 풀리고 자신이 1등이라는 사실을 모두가 알아야 한다.

자신감에 대해 명심해 둘 것!
자신감은 겉모습이 아니라 '행동'과 '인성'에서
나오는 거야.

자신감 클로즈업

올해 11살인 카라는 머리카락이 길고 숱도 많아. 걸핏하면 머리를 이리저리 젖혀서 사람들의 이목을 집중시키고, 또 그걸 즐겨. 그런데 어느 날 사촌 앨리가 암에 걸렸어. 앨리는 항암치료를 받느라 머리카락이 다 빠졌지. 카라는 앨리처럼 항암치료를 받는 환자들이 많고 그 환자들을 위한 가발이 필요하다는 사실을 알게 됐어. 그래서 머리카락을 잘라 가발 만드는 곳에 기증했어. 머리가 짧아지면 다른 사람들 눈에 예뻐 보이지 않을까 봐 걱정은 됐지만 그래도 머리카락이 필요한 사람들을 돕기로 한 거야. 카라는 지금 거의 삭발을 했어. 처음에는 못생겨 보인다는 생각에 의기소침했지만 사나흘 지나니 이상하게 강해지는 느낌이 들었어. 사실 머리카락에 집착할 필요가 없었던 거야! 어차피 다시 자라니까. 다 자라고 나면 또 기증할 생각이야.

자신감 워밍업

이제 무엇이 자신감이고 무엇이 아닌지 구별하기가 좀 더 쉬워졌을 거야. 이번엔 주변 사람들로부터 자신감의 사례를 찾아보자.

1. 역할모델을 찾자. 지인이나 책 속 주인공 중 용감한 여성들이 있을 거야. 그 사람들이 용감하게 느껴지는 이유는 무엇일까? 이유를 적어 두었다가 다시 펼쳐 보면 아이디어를 얻을 수 있어.

2. 가짜를 조심하자. 자신감 있는 척하는 사람들은 비열하게 행동하거나 다른 사람을 깎아내리면서 스스로를 돋보이게 하려고 해. 자신감이 넘치는 듯 과시하고 다니지만 그건 결국 거품일 뿐이야.

3. 자신감 있는 행동을 보게 되면 격려하고 널리 알리자. 지금이라도 주변 사람 중 세 명을 골라 전화를 걸어 칭찬해 주자. 재활용 운동에 동참한 친구도 좋고, 학교에서 괴롭히는 친구에게 당당히 맞선 동생도 좋고, 직장에서 부당한 일에 항의한 엄마도 좋아. 그들의 자신감에 찬사와 격려를 보내는 거야. 그렇게 격려하다 보면 스스로의 자신감도 함께 높아진대. 연구를 통해 입증된 사실이야.

더 큰 자신감 만들기: 큰 그림

지금쯤이면 자신감이 무엇인지, 자신감이 왜 그토록 중요한지 아주 명확해졌을 거야. 그런데 이런 생각이 들 수도 있어. 자신감은 분명 좋은 것이긴 한데, 막상 뭔가 시도하려 할 때 자신감이 생기지 않으면 어떡하지? 토론 동아리에 지원하고 싶은데 사람들이 나를 주시할 거라는 생각 때문에 나서지 못한다면? 그래서 자신감을 끌어올리는 방법을 알고 있어야 해. 유전학과 인간의 행동을 오랜 기간 연구해 온 과학자들은 우리가 일정 수준의 자신감을 갖고 태어날 뿐 아니라 얼마든지 자신감을 상승시킬 수 있다고 확신해. 자신감을 발휘하는 기본 원리는 '행동'이야. 행동에 옮길 때, 특히 위험 부담이 있는 무엇인가를 추진할 때 자신감이 만들어지거든! 머릿속에 기어가 있다고 상상해 봐. 자신감은 생각의 기어를 작동시켜 행동으로 옮기도록 도와주는 윤활유야. 그 과정에서 바라던 결과가 나오게 되면 이후 더 큰 자신감이 만들어져.

행동은 자신만의 자신감 암호를 만드는 데 꼭 필요해. 예를 들어 '케일라, 위기를 맞다(1편)'에서 케일라는 비록 입단에는 실패했지만 농구 팀에 지원하는 행동을 통해 더 큰 자신감을

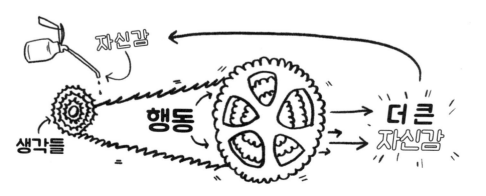

쌓았다는 사실을 아직 깨닫지 못하고 있어. 케일라도 곧 알게
될 거야.

다시 여러분 얘기로 돌아가서, 스스로에게 이렇게 말해 봐.
머뭇거리며 앉아 있지 말고 과감하게 지원하라고. 첫 토론회부
터 멋진 발언을 할 필요는 없다고. 다음 토론을 위해 좀 더 준
비하면 된다고. 토론 동아리 예비 멤버로 시작해 진지하게 활
동하면 정규 멤버가 될 수 있다고. 시도하고, 위험을 감수하고,

실패하고, 어려움을 겪다가 이루어 내는 과정은 자신감을 안정적으로 공급하는 방법이야. 자신감을 만드는 데 성공과 실패는 그다지 중요하지 않아.

자신감은 행동에서 나오지. 행동으로 옮겨 자신감이 축적되면 새로운 일에 도전하는 일이 훨씬 수월해질 거야.

그렇다고 행동한다는 게 쉽다는 말은 아니야. 뭔가 하려고 할 때 찾아오는 긴장과 울렁증, 침대에 붙어 있거나 옷장에 숨고 싶은 생각은 어떻게 극복해야 할까? '행동하는 사람'이 되기 위한 첫걸음을 어떻게 떼야 할까? 자신감을 만드는 데에도 자신감이 필요한데 그 '최초의 자신감'은 어떻게 만들 수 있을까?

먼저 위험을 감수해야 해!

행동하는 친구들

9살 그레이시 쿠글린의 이야기를 들려줄게. 쿠글린은 동물과 곤충을 좋아해. 심지어 거미와 전갈까지. 쿠글린의 꿈은 수의

사야. 낡은 장난감을 팔아서 그 돈으로 동물 보호소의 강아지들에게 줄 장난감을 사기도 했어. 그 과정에서 쿠글린이 살고 있는 주의 동물 보호소가 사료를 조달하기도 어려울 만큼 재정적으로 어렵다는 사실을 알게 됐어. 쿠글린은 그 동물 보호소를 돕기 위해 모금할 방법을 찾고 싶었어. 5달러만 있으면 동물 15마리에게 하루 치 사료를 공급하거나 예방주사를 맞힐 수 있거든. 쿠글린의 할머니는 차고에서 벼룩시장을 열고 있었는데 쿠글린이랑 엄마는 그곳이 레모네이드를 팔기에 최적의 장소라고 판단했지. 쿠글린은 뭔가 아이디어가 떠오르면 반드시 행동에 옮기는 성격이야! 사람들은 레모네이드를 사 먹기 위해 먼 곳에서도 찾아왔고, 교장 선생님과 다른 선생님들도 도와주셨어.

쿠글린은 곧 다음 단계로 넘어갔어. 사람들에게 이렇게 호소했지. "동물 보호소에 강아지 울타리가 필요해요. 강아지 장난감과 사료도 있어야 해요." 그리고 생일이 되면 친구들에게 선물 대신 동물 보호소에 기부를 해 주면 좋겠다고 부탁했고, 레모네이드 가판대를 다시 열 때 쿠키와 도넛도 팔기로 했어. 말 못하는 동물들을 위해 자신이 이렇게 나섰다는 사실에 쿠글린 스스로도 놀랐다고!

제 2 장
조금은 위험해 보이는 목표를 세우자

위험을 감수하고 한발 더 나가 본 적 있어? 위험을 감수한 다는 건 자신감과 용기를 끌어내 공포와 맞서고 전진한 다는 거야. 그럴 때 우리 일상이 달라져.

그런데 위험이란 게 뭘까? 위험의 사전적 의미를 살펴볼까?

위험:

1. 불행하고 불쾌한 일이 일어날 가능성

2. 상처를 입거나 뭔가를 잃어버릴 가능성

3. 해로움

사실 위험한 상황을 좋아하는 사람은 없어. 하지만 기억해 둬! 행동, 특히 시도하기 어려운 행동은 자신감을 쌓게 도와준 다는 것. 위험은 예를 들면 앞에서 케일라가 맞닥뜨렸던 위기를 말해. 케일라는 창피를 당하거나 실패할까 봐 걱정했어. 그런 케일라가 위험을 감수하겠다고 결심하도록 도와준 친구들의 한마디는 정말 결정적이었어. "일단 해 봐, 실패해도 괜찮아!"

자신감이 부족하면, 타인의 격려나 나의 의지만으로 첫걸음 을 떼야 할 수도 있어. 하지만 일단 시작하면 자신감이 생기는 구간에 빨리 들어설 수 있지. 이 장에선 위험을 감수하려 할 때 가장 먼저 찾아오는 공포를 극복하는 7가지 방법을 알려 주려 고 해.

자신감 클로즈업

루시는 *11살 때부터 이웃집 부부의 아이를 돌보는 베이비시터 아르바이트를 했어. 처음에는 부부가 집에 있을 때 허드렛일을 주로 맡아서 했는데 그렇게 얼마쯤 지나자 부부가 외출한 동안 혼자 아이를 돌보게 되었지. 목욕시키기, 동화책 읽어 주기, 낮잠 재우기를 도맡으니 재미도 있었지만 해야 할 일이 많아졌고 책임도 한층 커졌어.*

루시는 부부에게 아르바이트비를 올려 달라고 말하고 싶었지만 막상

얘기를 꺼내려니 망설여졌어. 좋아하는 이웃이고 늘 친절하고 간식도 챙겨 줬는데… 화를 내면 어쩌지? 내가 아이를 별로 좋아하지 않는다고 생각해서 언짢아하면 어떡하나? 아르바이트비를 올려 줄 만큼 내가 아이를 잘 돌보지 못한다고 생각하진 않을까? 상상만 해도 속이 울렁거렸어.

일단 엄마 아빠와 상의를 했어. 그리고 할 말을 미리 생각했어. '저는 이 일이 정말 좋아요. 자신도 있고요. 제 책임이 전보다 더 커진 만큼 아르바이트비를 올려 주셨으면 좋겠습니다.'

그래서 어느 날 저녁, 부부가 외출에서 돌아왔을 때 루시는 준비한 말을 꺼냈어. 머릿속에서 연습한 것만큼 완벽하지는 않았지만 행동에 옮겼고, 곧바로 후련함을 느꼈지. 부부는 전적으로 동의하며 바로 그 자리에서 아르바이트비를 올려 주었어. 미리 그렇게 해 주지 못해 미안하다고 사과도 했고. 부부는 이후에도 계속 아이를 맡겼고 이 과정을 통해 루시는 자신감을 키울 수 있었어.

● 위험 리스트 ●

스스로 감수할 수 있는 위험 다섯 가지를 꼽아 리스트를 만들어 보면 어떨까? 세상을 구한다거나 당장 학교를 그만두는 것 같은 일은 빼고. 과학자들에 따르면 목표를 글로 적었을 때 성취할 확률이 42%나 더 높아진다고 해. 이루고 싶지만 조금 어렵고 위험해 보이는 목표가 누구나 있겠지? 새 악기 배우기? 같은 반 아이에게 말 걸기? 자신감 노트에, 아니면 아무 종이에라도 적어 보는 거야. 적는 순간 이뤄질 확률이 크게 높아지니까.

루시는 위험을 감수했고 좋은 결과로 이어졌어. 그렇다고 위험을 감수하는 일이 매번 좋은 결과로 이어지는 건 아니야. 아래에 나열한 단계를 하나씩 밟아 나가면 위험을 감수하는 한계를 높이는 데 도움이 될 거야.

1단계: 위험을 포용하자

자신감을 얻기 위해 꼭 만나야 할 단어가 바로 '위험'이야. 말만 들어도 무섭다고? 절대 그렇지 않아. 어떻게 보면 위험한 상황을 피해 다니는 게 더 힘든 일이야. 위험한 상황을 당연하게 생각하고 정면으로 맞닥뜨릴 때 자신감이라는 힘이 폭발하기 시작해.

실제로 위험을 감수하려면 위험을 감수하는 것이 가져다 줄 효과에 대한 믿음이 있어야 해. 맞닥뜨리는 상황마다 여러 가지 선택지가 제시될 거야. 그중 가장 '두려운 선택'이 가장 '올바른 선택'일 가능성이 높아.

퀴즈

1. 제일런은 다른 중학교로 전학해서 아직 친구를 사귀지 못했어. 학교식당에서 친구가 되고 싶은 여자아이들을 봤는데 얼마 전 그중 한 명이 자신에게 웃어 준 것 같아. 손을 흔들어 준 것 같기도 하고. 제일런은 어떻게 해야 할까?

　A. 아이들이 무시할지도 모르지만 점심시간에 다가가 말을 걸어 본다.

　B. 그들이 친밀함을 더 표시하는지 일주일쯤 더 지켜보며 고민한 뒤 시도한다.

　C. 창피당할 가능성을 차단하기 위해 몇 달 더 혼자 지낸다.

2. 리비는 동물을 좋아해. 그래서 동물 보호소에서 일주일간 동물을 돌보는 프로젝트에 참여했어. 동물 보호소에 있는 동안, 버려진 개와 고양이를 할머니가 계시는 요양원과 연결하면 좋

겠다는 생각이 들었어. 리비는 어떻게 해야 할까?

　A. 좀 더 나이가 들어 더 많은 정보를 알게 됐을 때 제안한다.

　B. 학교 과제에 집중하고 이 문제는 어른들에게 맡긴다.

　C. 잘 모르는 어른과 이야기하려니 긴장이 되고 거절당할 수도 있겠지만, 동물 보호소 운영자에게 찾아가 아이디어를 제시한다.

● **정답**

1. A가 제일런이 감수해야 할 위험이야. 아이들과 친해질 수 있겠다고 직감했고 그걸 행동으로 옮긴 거지. 기다리기만 한다고 해서 아이들의 생각을 알 수는 없어. B도 통할 수는 있겠지만 기회를 놓칠 가능성이 있어. C는 좋지 않은 선택이야.
2. 리비가 가장 큰 위험을 감수하게 되는 C가 가장 좋은 방법이야. A도 나쁘지 않지만 너무 조심스러운 접근법이지. 아이디어가 완벽할 필요는 없어. 일단 시도해 보면 운영자에게 많이 배울 수 있어. B는 생각도 하지 말자.

2단계: 현명한 위험과 어리석은 위험 구별하기

2단계는 그렇게 어렵지 않아. 현명한 위험을 가려내는 단계야.

수심이 낮은 수영장에서 다이빙을 하거나 온라인 공간에서 낯선 이에게 집 주소를 함부로 알려 주는 건 어리석은 위험이야. 현명한 위험은 삶에 재미와 모험과 활력을 불어넣어 줄 거라는 생각이 들지만 선뜻 감수하려니 망설여지는 위험을 말해. 제일런과 리비를 생각해 봐. 각각의 위험을 감수할 경우 실망하거나 잠깐 창피해질지도 몰라. 하지만 현명한 위험은 빨리 성과가 나타나지 않더라도 결국은 보상을 받게 되어 있어.

퀴즈

여기 나열한 위험들은 친구들이 인터뷰를 통해 직접 알려 준 거야. 어떤 게 현명한 위험이고 어떤 게 어리석은 위험이야?

1. "새 동아리 가입하기. 조금 두렵지만 재미있어 보인다."
2. "수업시간에 몰래 핸드폰 사용하기."
3. "친구와 함께 찍은 사진을 친구 동의 없이 인스타그램에 올리기."
4. "낯선 사람들과 대화하기."
5. "축구 팀에서 새로운 동작을 시도하다 엉덩방아 찧기."
6. "학교 복장 규정에 반대하며 학생자치위원회 선거에 출마

하기."

7. "선생님에게 내 시험 점수가 잘못됐다고 말하기."

8. "제일 친한 친구에게 너 때문에 기분이 상했다고 말하기."

9. "수업시간에 내가 쓴 시 낭독하기."

10. "친구들과 쇼핑몰에 놀러 가려고 학교 수업 빼먹기."

● **정답**

2, 3, 10번을 빼고는 모두 기꺼이 감수해야 할 현명한 위험이야.

#2: 학교 규칙을 어겨서는 안 돼. 핸드폰을 마음껏 사용할 수 있게 될 때까지 기다리자.

#3: 허락 없이 인스타그램에 사진을 올린다고 꼭 문제가 생기진 않아. 그러나 사전에 친구에게 물어보고 동의를 구하면 문제가 생기는 걸 막을 수 있겠지.

#10: 설명할 필요도 없어. 그런 이유로 수업에 빠지는 건 안 돼.

3단계: 안전 구역 = 위험 구역

위험을 감수할 때 가장 어려운 부분은 익숙함에서 벗어나는 거야. 누구나 익숙한 상황에 안주하고 싶어 하지. 포근하고 편안한 소파와 푹신한 베개, 따뜻한 조명, 달콤한 과자, 사랑하는

개와 고양이가 발치에 누워 있는 그런…. 우리는 누구나 안전 구역을 설정해 두고 있어. 익숙한 일만 되풀이하면 위험한 일이 일어날 염려는 전혀 없지. 친했던 친구들과 계속 어울리는 게 편한 것처럼. 그런 익숙함에 파묻혀 살 수도 있어. 아래에 소개할 친구들도 오랫동안 그런 안전 구역에 머물러 있었대.

자신감 클로즈업

와이어트는 그림 그리기를 좋아해. 목탄 먼지가 자욱한 미술실에 웅크리고 앉아 그림을 그릴 때가 가장 행복하대. 종이 여백에 뭔가를 그리고 집에 날아오는 우편물 봉투에 스케치를 하곤 하지. 모임을 만들어 여럿이 함께 만화를 그려도 재미있겠다는 생각을 종종 하지만 그냥 지금이 너무 편해서 아무런 시도도 하지 않았어.

펭은 소프트볼 팀의 외야수야. 우익수 자리가 익숙하지. 1루수와 유격수가 워낙 출중해서 펭한테 공이 날아오는 경우는 거의 없어. 공이 오더라도 처리할 수 있는 시간은 충분하고. 펭은 이 포지션에 익숙해서 긴장도 안 해. 이렇게 안정된 상태를 깨뜨리고 다른 포지션을 맡아 볼 생각은 전혀 없어.

우리에게는 안전 구역이 필요해. 하지만 새로운 도전을 위해 안전 구역을 벗어날 수도 있어야 하지. 계속 안주하면 숨이 막히고 지겨워질 수 있거든. 뭔가를 처음 시도할 때는 당연히 두렵지만 새로운 시도를 하다 보면 자신이 좋아하는 일을 찾아내고 스스로에 대해 알아 갈 수 있어. 아기들이 부드러운 담요와 장난감이 가득한 안전 구역에 그대로 머무른다면 과연 걸을 수 있을까? 아기들도 과감하게 걸음마를 시도하고 세상을 발견하잖아. 그러니까 우리의 탐험은 계속돼야 해!

4단계: 나에게 위험해 보이는 것

사람마다 느끼는 위험의 정도는 모두 달라. 나만의 위험 리스트를 적어 보고 무엇이 나를 불안하게 만드는지 생각해 보자.

퀴즈

다음 중 가장 위험해 보이는 일은?

   A. 캠핑

   B. 밴드에서 연주하기

   C. 낯선 사람과 친구로 지내기

다음 중 가장 두렵게 느껴지는 일은?

   A. 워터 슬라이드와 롤러코스터

   B. 운동부에 지원하기

   C. 내가 작곡한 노래를 다른 사람들에게 들려주기

다음 중 생각만 해도 속이 울렁거리는 일은?

   A. 스키 타기

   B. 수업 시간에 발표하기

   C. 졸업앨범 표지에 실을 그림 제출하기

● **정답**

A를 주로 선택했다면 몸으로 하는 일에 긴장할 가능성이 높아.
B를 선택했다면 성과에 압박감을 느낄 가능성이 높고. C를 택

한 사람은 자신의 약한 부분을 드러내고 싶지 않아 낯선 사람들과 대화하거나 소통하기를 힘들어할 가능성이 높아.

한 가지만 기억하자. 사람마다 느끼는 위험의 정도는 다 달라. 예를 들어 다른 나라에서 온 이민자는 일상생활 자체가 위험일 수 있어. 그 나라의 언어로 말하는 것, 주위 사람과 외모가 다르다는 사실도 위험으로 느껴질 거야. 예멘에서 온 파라는 학교에 갈 때 무슬림 스카프인 히잡을 머리에 써. 학교에서 히잡을 쓰는 사람은 파라뿐이야. 사람들이 자신을 계속 쳐다보면 학교 가기가 두려울 수 있지. 파라는 자신도 다른 사람처럼 학교에 갈 권리가 있다고 되뇌곤 해. 사람들의 시선은 경멸이 아니라 호기심일 거라고 생각해. 그러면 마음이 편해지고, 자신도 그들과 다르지 않다는 사실을 보여 주려는 용기가 생겨. 휠체어를 타야 하거나, 앞이 안 보이거나, 행동이 조금 불편한 장애인들은 훨씬 더 큰 위험을 감수해야 해. 장애인들은 일상에서 물리적 어려움을 헤쳐 나가고 사람들의 시선을 감당하는 전투를 끊임없이 치르고 있어.

5단계: 한 번에 한 단계씩

연구에 따르면, 사람은 큰 도전과제를 떠올리기만 해도 압도당하는 느낌을 받는다고 해. "내가 어떻게 저기까지 갈 수 있겠어? 지금 그만두는 게 낫지." 그런데 생각을 잠시 멈추고 그 과제를 작은 단계들로 쪼개 보면 성취해 낼 가능성이 훨씬 커진 다는 사실도 밝혀졌어. 예를 들어 루시는 자기가 맡은 아이의 부모에게 아르바이트비 인상을 요구한다는 과제를 해부해서 4단계로 쪼갰어.

먼저 아르바이트비 인상이 필요한 이유를 정리한 다음 엄마 아빠와 계획을 공유하고 리허설도 했어. 그런 뒤 아이 부모에 게 말을 꺼낼 시기를 정했지. 아이 부모 앞에서 생각했던 것만 큼 완벽하게 말을 이어가진 못했지만 미리 세워 둔 계획에 따라 차근차근 진행했기 때문에 어려움 없이 마무리할 수 있었어. 목표에 이르는 중간 다리 성격의 작은 과제, 작은 위험부터 감수하면 성공 확률이 높아져.

자신감 클로즈업

늘 안전 구역을 벗어나지 않던 미술 소녀 와이어트 기억나? 혼자 지내는데 지쳐 있었지만 사람들과 조금씩 차근차근 소통을 시작하고 싶었어. 와이어트는 몇 주간 방법을 고민했어. 자신과 취향이 비슷한 사람들을 한자리에 모아 같이 그림을 그리거나 만화책을 만들거나 스케치를 해 보면 어떨까? 그러다 보니 자신이 조금 과감해지는 걸 느꼈고 미술 잡지를 만들어야겠다는 생각이 떠올랐어. 그래서 조금 더 과감하게 다음 단계로 넘어갔지. 와이어트는 학교에 새 잡지를 소개하는 포스터를 붙이고 참여할 아이들을 모집했어. 처음엔 아무도 이름을 적지 않았고, 와이어트는 포스터 앞을 지날 때마다 우울해졌어. 그러던 어느 날 한 명이 이름을 적더니 이어서 또 한 명이 적었고 다음엔 세 명이 한꺼번에 이름을 적고는 점심시간에 와이어트를 찾아왔어. 요즘 이 친구들은 그림과 만화를 그리며 미술 잡지 창간호를 만들고 있어. 낯선 이들에게 잡지를 나눠 줄 때 또 두려움이 앞서겠지만 방에 혼자 앉아 그림을 그리는 것보다는 훨씬 재미있는 것 같아.

6단계: 불편함에 익숙해지기

사실 위험을 감수하는 건 재미와는 거리가 멀어. 아주 불편할 수도 있어. 하지만 결국엔 익숙해지지. 한 번도 맛본 적 없는 음식을 먹거나 시도해 본 적 없는 스타일의 옷을 입거나 개에 대한 두려움을 이겨 내는 것과 비슷한 일이야. 이런 문제를 해결하려면 낯선 음식을 조금씩 반복해서 먹어 보거나 낯선 스타일의 옷을 친숙해질 때까지 입어 보거나 개와 친해지는 접근법을 반복해 익히는 수밖에 없어.

기분이 좋을 수만은 없는 무언가를 다루는 과정은 예방주사를 맞는 것과 같아. 미래의 고통을 막기 위해 지금 잠시 고통을 참는 거야. 나오미가 불편함을 견뎌 내고 고통과 공포에서 긍정적인 결과를 이끌어 낸 과정을 함께 살펴볼까?

자신감 클로즈업

나오미는 승마를 하는 데 많은 시간을 들여. 위험하다는 생각도 들고 무섭기도 하지만 승마를 좋아하고, 좋아하는 만큼 잘하고 싶어. 나오미는 집중훈련 캠프에서 룰루라는 말과 짝이 됐어. 룰루는 무척 거칠었어. 처음 닷새 동안은 몸부림을 쳐 나오미를 떨어뜨리거나 풀만 뜯어먹으며 나오미의 말을 듣지 않았어. 하도 많이 떨어져서 온몸에 시퍼런 멍이 들고 욱신욱신 쑤셨지. 상처와 부끄러움만 쌓여 가는 듯했지만, 포기하지 않고 계속 시도했어. 그 덕분에 사실은 자신감이 쌓이고 있었어.

말에서 세게 떨어졌던 날, 나오미는 땅바닥에 공처럼 웅크리고 앉아 생각했지. '포기하자. 잊어버리자. 이제 이 말은 싫다. 온순한 말을 달라고 해야겠어.' 그런데 잊어서 보니 몸이 멀쩡했어. 지금까지 겪은 숱한 낙마와 통증이 가져다 준 결과를 물거품으로 만들지 않으려면 계속해야 한다는 사실을 깨달았지. 자신이 점점 더 강해지고 있다는 생각도 들었어. 나오미는 말과 한 몸이 되어 우아하게 달리는 모습을 상상하며 계속 도전했어. 얼마 지나지 않아 두려움 없이 말을 탈 수 있게 됐지. 룰루를 다룰 수 있게 됐으니 앞으로 못 할 게 없어!

7단계: 자기 자신의 코치 되기

행동할 준비가 되었다면 이제 스스로에게 코치가 되는 법을 알아야 해. 몇 가지 요령을 알려 줄게.

◇ **시각화하기.** 원하는 결과물을 마음속에 그려 봐. 지금은 '만약'을 넘어 '결과'에 집중하며 움직일 때야. 뛰어난 운동선수와 가수는 경기장과 무대에서 맞닥뜨릴 결정적 순간을 위해 훈련과 리허설 과정에서 자신의 생각을 그려 보는 '시각화'를 활용한다고 해. 나오미도 말을 타기 위해 시각화를 했어. 과학자들도 자신이 원하는 바를 시각화하면 성취할 확률이 더 높아진다고 했어. 실제로도 그렇고!

◇ **스스로를 격려하기.** 자신감을 키우는 데 도움이 되는 표현이 있어. 다음 문장을 적어 두고 반복해서 읽어 보면 어떨까?

◊ **연습하기.** 무엇이든 반복하면 늘 해 왔던 것처럼 자연스러 워져. 넘지 못할 무시무시한 도전이란 느낌도 들지 않을 거 야. 말하고 싶은 것이나 하고 싶은 일을 미리 연습하면 돼. 지나치게 많이 할 필요는 없어. 자연스럽게 몸과 마음에 익 을 정도로만 연습하면 돼.

◊ **격려 팀 꾸리기.** 세상의 모든 코치는 팀플레이와 격려가 가 장 중요하다는 사실을 알아. 케일라가 받았던 격려를 나에 게 보내 줄 사람이 누구인지 파악해야 해.

◊ **이 이야기를 기억해.** 자신감을 연구하는 한 과학자는 수학 시험으로 실험을 했는데 남학생들이 여학생들보다 더 높 은 점수가 나왔어. 그래서 여학생들의 답안을 분석해 봤더 니 한 가지 특징이 있었어. 여학생들은 문제를 풀지 않고 건너뛴 경우가 많았던 거지. 여학생들은 확신할 수 없을 때 위험을 감수하며 추측해 보는 시도를 기피하는 경향이 있 었던 것 같아. 그래서 다음 시험에서는 모든 수험생이 모든 문제에 답을 반드시 적어 내야 한다고 이야기했어. 결과는? 남녀의 평균 점수가 같았어. 이 실험은 위험을 감수하고 행 동해야 할 이유를 알려 줘.

◊ **행동에 옮길 땐 이렇게.** 이제 행동할 시간이야. 위에서 말한 방법이 효과가 없어서 여전히 두렵다면 스스로에게 이렇게 말해 보는 건 어떨까? "두려운 채로 일단 해 보자." 뉴멕시

코 주에 사는 한 소녀가 했던 말이야. 두려움이 사라지기를 기다리고 있을 수만은 없어. 끝내 사라지지 않는다면? 두렵다는 사실을 인정하고, 그럼에도 행동에 옮겨야 해. 어깨를 한번 으쓱하고 선언하는 거야. "이제부터 두려운 채로 뭐라도 해 볼 거야." 우리 모두에겐 그럴 능력이 있어.

자신감 클로즈업

펭은 마침내 도전을 시작하기로 결정했어. 소프트볼 경기장에서 외야수로 서 있기만 하려니 너무 지루했거든. 하늘의 구름을 세거나 다른 친구들이 신나게 뛰는 경기를 구경만 하는 건 더 이상 재미있지 않았어. 펭은 다이빙 캐치를 할 때 받는 압박감이 너무 싫었어(대개는 공을 놓쳤지). 그래서 이렇게 생각해 봤어. "긴장이 돼서 그렇지 사실은 나도 다이빙 캐치에 소질이 있지 않을까?"

그래서 연습을 시작했어. 하루에 몇 시간씩 벽에 공을 던졌다가 잡는 훈련을 반복했어. 다이빙 캐치가 전보다 편해지긴 했는데 실제 경기에서 할 생각을 하면 여전히 긴장이 됐지. 그런데 경기 도중 1루수가 부상을 당해 교체 선수가 필요했어. 두려웠지만 새 포지션에 도전해 보기로 했어. 스스로에게 망설일 기회를 주지 않았지. 실수에 대한 공포가 남아 있었지만 이제 행동에 옮겨야 할 시간이었으니까. 그리고 펭은 그날 공을 놓쳤어.

사실 여러 번···. 하지만 잡아 낸 공도 많았고 신나는 경험을 했어. 펭은 다음 시즌을 기대하고 있어. 다음엔 투수 포지션에 도전할지도 몰라!

펭은 위험을 감수했고 실수를 조금 하긴 했지만 도전에 성공했어. 그 도전을 통해 마음의 문이 활짝 열렸지. 펭은 안전 구역에 머물러 있는 동안에는 결코 자신감을 얻을 수 없다는 사실을 깨달았어. 자신감을 키우려면 행동과 위험 감수가 필요한 법이니까. 그리고 안타깝기는 하지만, 때로는 '실패'도 필요해.

"오호, 이것 봐라. 재미있잖아!"

행동하는 친구들

아마이야 자파르는 위험과 투쟁에 익숙한 소녀야. 아마이야는 어린 시절부터 체구가 아주 작았는데, 13살 때 권투를 하겠다고 하니까 친구들 모두 의아해했어. 간호사인 엄마도 위험하다고 걱정했어. 그래도 권투를 시작했지. 아마이야는 "권투를 시작한 이후 내가 가슴을 쫙 펴고 다니게 되었다는 사실을 엄마가 눈치챘어"라고 했어. 권투를 할 때도 히잡은 벗지 않았어. 히잡 때문에 아마이야가 생각했던 것보다 훨씬 심각한 논쟁이 벌어지기도 했어. 히잡을 벗지 않는다는 이유로 아마추어 대회 출전권을 얻지 못한 적도 있었지. "히잡은 내 왕관이야. 히잡을 쓰고 거리를 걸으면 존중받는다는 느낌이 들어. 나한테는 히잡이 중요해. 히잡을 쓰지 못하게 된다면 본질적인 무언가를 잃어버렸다는 상실감에 빠질 거야."

2년간 투쟁한 결과 미국 권투계는 마침내 아마이야에게 히잡을 쓰고 출전해도 좋다고 승인했어. 하지만 국제권투협회는 여전히 받아들이지 않아서 올림픽 예선전에는 출전할 수 없어.

아마이야는 묵묵히 고된 훈련 스케줄을 소화하고 있어. 자신보다 체구가 큰 선수나 남자 선수들과 스파링을 하기도 해. 아마이야는 자신이 링 안팎에서 벌이는 싸움이 다른 소녀들에게 영감을 주기를 원해. 또 "권투는 내 인생"이라고 늘 강조하지. "내 생활은 권투를 중심으로 돌아가. 히잡도 내 인생의 일부야. 하나를 위해 다른 하나를 희생하고 싶지 않아."

제 3 장
제대로 실패하고 제대로 일어서기

거의 모든 사람이 입 밖에 내기조차 싫어하는 단어가 있어. 이것을 인정하려고 하지 않는 사람도 많아. 무슨 단어인지 짐작이 가지?

실패

자, 보란 듯이 이 단어를 여기에 적었어. 우리 모두 실패에 익숙해져야 하니까. 실패가 재미있기 때문이 아니라(실패를 즐겨야 한다는 얘기는 하지 않겠어. 그럴 수 있는 사람은 없어.) 위험을 감수할 때 자연스럽게 따라오는 결과이고 자신감을 쌓아 가는 과정이며 누구에게나 벌어질 수 있는 상황이기 때문이야. 실패는 누구에게나 찾아와.

자신감 클로즈업

12살 헬렌은 무대에 설 때마다 긴장하고 떨려. 그러다 시작을 하면 대개 차분해지고, 무대에서 내려올 때는 큰 성취감을 느끼지. 그런데 여름캠프가 끝날 무렵 큰 공연에서 독백을 맡았을 때는 패닉 상태가 됐어. 독백이 너무 길었거든.

헬렌은 며칠 동안 대사를 분석하며 외웠어. 무대 조명 아래로 걸어 나가는 순간까지 연습했지. 상대 배역을 맡은 아이가 대사를 끝내고 마침내 헬렌의 시간이 왔어. 일어나서 입을 열었는데··· 아무 말도 안 나오는 거야. 단 한 마디도. 그 긴 독백 중 단 한 구절도 기억나지 않았어. 대사를 한 줄 빼 먹거나 너무 빨리 읽거나 숨 쉴 곳을 놓친 실수와는 차원이 다른 대박 사건이었지. 악몽이었어. 엄마가 촬영까지 하고 있었는데···. 헬렌은 결국 다음 순서인 아이를 가리킨 뒤 도망치듯 무대에서 내려왔어. 엄마 아빠와 할아버지 할머니, 어린 남동생까지 다시는 얼굴을 볼 수 없을 것 같았어. 완전히, 철저하게, 수많은 사람 앞에서 실패한 거지.

헬렌이 만난 초대형 실패, 최악의 순간은 누구에게나 한 번씩 찾아와. 그런데 그런 끔찍하고 부끄러운 경험이 꼭 나쁘다고 할 수만은 없어.

잠깐, 뭐라고? 그렇다면 실패에 좋은 점이 있다는 거야?

아마 이렇게 되묻고 싶을 거야.

성공에 이르는 데 없어서는 안 될 요인이 바로 실패라는 건 과학적으로 입증되기도 했어.

물론 어른들이 흔히 하는 잔소리처럼 들릴 수 있어. 토할 것 같고 머리는 뒤죽박죽인 상태로 실패 구역을 향해 추락하고 있는데 "좋았어! 더 큰 성공을 향해 가고 있는 거야!"라고 생각 하기란 불가능하니까. 공부를 했지만 시험을 망칠 수 있고, 열 심히 써 낸 리포트도 낮은 점수를 받을 수 있고, 학생회 선거에 출마했다고 다 회장이 될 수는 없어. 이렇게 위로의 사례를 찾 으려면 얼마든지 있지만 정작 실패의 순간에는 별 도움이 되 지 않아.

그런데 실패는 실제로 유익해. 실패 자체보다 실패를 통해 배우고 실패에서 회복하는 과정이 중요하고 실제로 도움이 돼. 앞서 얘기한 자신감을 쌓는 일의 핵심이 바로 이거야. 실패의 교훈은 다른 어떤 경험보다 우리 뇌에 깊이 새겨지는데, 과학 자들은 이를 '각인'된다고 표현해. 실패할 때 생각을 집중하면 많은 걸 배울 수 있어.

● 힘든 길을 선택해야 효과가 있다 ●

우리 말을 믿기 어렵다고? 그럼 우리보다 더 똑똑하고 더 유명한 사람들의 말을 들어 봐.

"실패하지 않고 살아가기란 불가능하다. 실패 없이 살려면 차라리 살지 않는 편이 나을지도 모를 만큼 조심스럽게 살아야 하는데, 그런 삶은 그 자체로 실패다."
– 〈해리 포터〉 시리즈의 작가 J. K. 롤링

그는 마법사의 세계를 창조해 내기 전까지 자신의 삶이 초대형 실패작이었다고 했어.

"우리는 때때로 실패를 겪는다. 실패를 경험하지 않을 만큼 훌륭하고 위대하고 똑똑한 사람은 없다. 실패는 찾아오기 마련인데, 주로 실패가 필요할 때 찾아온다. 우리는 실패를 포용할 수 있어야 한다."
– 팝스타 비욘세

비욘세는 9살 때 오디션 프로그램 '스타 서치'에 도전했다가 떨어졌어.

퀴즈

애니는 거의 매일 아슬아슬하게 학교에 도착해. 밤에 늦게 자
니 아침이 힘들 수밖에 없어. 애니의 방에는 학용품과 옷가지
가 흩어져 있고 과자 봉지와 먹다 남은 샌드위치까지 널려 있
어. 엄마가 아침마다 애니를 침대에서 끌어내 등교 준비를 도
와주면 쏜살같이 달려 수업 종이 울리기 몇 초 전에야 교실에
도착해. 이런 일상이 짜증 나고 땀에 젖은 채 숨을 헉헉 내쉬며
교실에 들어서는 순간이 너무 싫어.

다음 중 애니의 습관을 가장 효과적으로 고친 방법은 뭘까?

A. 먼저 엄마가 아침마다 깨워 주는 일을 멈춘다. 사흘 연속
   지각해 방과 후 학교에 남는 벌을 받는다.

B. 자신의 목소리를 녹음할 수 있는 새 알람시계를 산다. 이제 매일 밤 알람을 맞추기만 하면 된다.

C. 구체적인 계획표를 작성한다. 챙겨야 할 준비물, 제시간에 일어나기 위해 스스로 해야 할 일을 정리한다. 다음 주부터 계획표에 따라 움직인다.

● **정답**

애니의 습관을 고쳐 준 방법은 A야. 애니는 사흘 연속 학교에서 벌을 받은 뒤 다시는 지각하고 싶지 않아졌어. 방을 정리했고 오래된 알람시계를 매일 밤 맞췄지. (멋진 새 알람시계는 사흘째 되던 날 옷더미에 파묻혀 찾을 수 없었다. 깔끔하게 정리한 계획표는 한 번도 실행에 옮겨지지 않았다.) 결국 실패가 변화를 가져온 거야.

퀴즈

실패에 대처하는 여러분의 방식은? 다음 중 익숙한 상황은 무엇일까?

A. 베개에 얼굴을 파묻고 몇 시간씩 엉엉 운다. 그런 뒤 아

이스크림 한 통을 다 먹어치운다.

B. 뭐 그럴 수도 있지. 실패에 대해 두 번 다시 생각하지 않는다. 마치 아무 일도 없었던 것처럼 행동한다.

C. 속이 메스껍다. 실제로 토하고 싶은데 머리까지 아프다.

D. 한동안 방에 틀어박혀 지내지만, 며칠 지나면 나를 비롯해 다들 별일 없었던 것처럼 지내게 되리라는 것을 안다. 실패는 끔찍하지만 뭐 어쩌겠나.

E. 숨고 싶다. 할 수만 있다면 다른 행성, 다른 은하계로 가고 싶다. 다시는 사람들에게 내 얼굴을 보이고 싶지 않다.

F. 헉! 이런 핵폭탄이 터질 줄이야. 그래도 뭐 괜찮다. 크게 신경 쓰지 않는다.

● **정답**

여러분의 답이 A, B, C, E 중 하나라면 지극히 평범하다고 할 수 있어. 일을 완전히 망쳤을 때 대부분 그렇게 반응하거든. 끔찍하고, 메스껍고, 초조하고, 불안하고, 현실을 부정하고 싶지. D나 F라면 실패의 비밀을 깨닫기 시작한 셈이야. 생각을 정리하고 큰 그림을 보려는 시도를 하면서 상황을 헤쳐 나갈 수 있어. 여러 번 되풀이하다 보면 더 용감해지고 더 큰 자신감이 생기고 더 많은 위험을 기꺼이 감수하게 돼.

이렇게 생각해 봐. 실패하지 않았다면 배우지 못하고, 성장하지 못하고, 더 강해지지 못하고, 중요한 위험을 감수하려고 하지도 않을 거야. 스스로 재미를 찾거나 모험을 즐기지도 못할 거고. 실패에서 배운 진정한 깨달음의 순간을 기억할 수도 없게 될 거야.

실패는 언제든 찾아올 수 있어. 피하면 된다고? 안타깝지만 실패란 건 잘 피해지지도 않아. 그러니 실패의 순간이 찾아왔을 때 어떻게 해결해야 하는지 알고 있어야 해. 지금부터 실패에 대처하면서 성장하는 방법을 알려 줄게.

최고의 실패 해결책 10가지

1. 자신의 절친이 되자. 절친이 어려우면 적어도 자신에게 친절해져야 해. 사람은 누구나 실패한다는 사실을 자신에게 일깨워 주고 스스로를 행복하게 만드는 방법을 찾아야 해. 아이스크림을 먹거나 엄마에게 안아 달라고 하는 것도 좋은 방법이야.

2. 채널을 바꾸자. 뇌가 최상의 상태를 유지할 수 있는 방법을 찾아야 해. 책을 읽거나 TV를 보거나 음악을 듣거나 친구와 놀러 가거나 고양이와 뒹굴거나 공을 차도 좋아. 무엇이 됐든 실패로부터 눈을 돌릴 수 있는 방법을 찾아야 해. 실패를 반복해

서 떠올린다고 도움이 되진 않아.

3. 관점을 바꾸자. 이전에 겪었던 비슷한 상황을 돌아보고 그때도 살아남았다는 사실을 기억해. 사람들은 누군가 실패했다고 해서 계속 그 얘기만 하거나 계속 비웃지 않아. 학교식당에서 친구가 발을 헛디뎌 우유를 쏟았다고 두고두고 그 얘기만 하는 사람 있어? 우유를 쏟았다고 그 친구와 절교한 적 있어? 그런 일은 현실에서 일어나기 힘들어.

4. 도움을 청하자. 실패를 넘어서는 최선의 방법은 마음을 열고 다른 사람과 공유하는 거야. 과학적으로도 입증됐어. 부모님, 친구들, 선생님과 실패에 대해 이야기해 봐.

5. 사고방식을 바꾸자. 실패한 게 아니라 후퇴한 것이고 그 후퇴는 일시적이라고 생각해 봐. 돌파구는 있어. "나는 무엇을 배웠을까? 다음번엔 어떻게 대처할까? 앞으로 절대 하지 말아야 할 것은 무엇인가?"를 스스로에게 물어봐.

6. 롤모델에 의지하자. 롤모델 명단을 만들면서 '훌륭한 실패 사례'를 찾아 추가해 보면 어떨까? 아무리 훌륭한 사람도 실패의 경험은 있어. 내 이름을 그 명단에 올리는 거야. 나만의 초대형 실패 리스트를 극복 전략과 함께 써 볼 수도 있어.

7. 생각의 범위를 좁히자. 실패의 이유를 작은 덩어리로 쪼갠 뒤 한 번에 하나씩 생각해 보고 곱씹어 봐도 좋아. 단, 너무 부정적으로 생각하지는 말 것!

8. 반복, 반복, 반복. 같은 일을 반복해 연습하면 더 쉬워지고 긴장도 줄어들지. 근육 기억이란 말 들어 본 적 있어? 머리는 딴 생각을 하고 있어도 우리 몸의 근육이 특정한 동작을 해낼 수 있는 이유는 근육 기억이 작동하기 때문이야. 앞으로 활용할 일이 많은 개념이야.

9. 실패와 눈을 맞추자. 어느 정도 준비가 되면 마음을 가다듬고 과거의 실패를 정면으로 바라봐야 해. 똑같은 실패를 결코 되풀이하지 않겠다는 의지가 있어야 돼. 다른 실패는 얼마든지 할 수 있어. 하지만 똑같은 실패를 되풀이하지 않겠다는 다짐이 필요해.

10. '그나마 다행인 이유' 리스트를 작성하자. 실패가 더 나쁜 결과를 불러올 수도 있었던 가능성을 리스트로 만들어 보면 어떨까? 실패한 뒤일수록 유머감각이 필요하니까. 이런 생각들이 도움이 될 거야. "적어도 바지를 벗고 학교에 가진 않았잖아", "적어도 우리 가족이 나만 빼고 이사를 가진 않았잖아", "적어도 전교생에게 바보 같은 문자메시지를 날리진 않았잖아."

"뭐, 망하긴 했지만 이 정도로 끝나서 다행이야. 적어도 코끼리가 내 머리 위로 떨어지진 않았잖아."

"아, 또 빗나감. 왜 난 한 번도 제대로 맞추지를 못하지."

재시동

앞에서 봤듯이 실패 이후 재시동을 할 수 있는 방법은 여러 가지가 있어. 다시는 겪고 싶지 않은 굴욕적 실패의 수렁에 빠진 마리아, 넬, 리즈베스의 이야기를 들어 보고 어떤 탈출 루트가 가장 마음에 드는지 골라 볼까?

마리아는 새로운 친구들을 사귀게 되어 신이 났어. 평소 친구들한테 쿨하고 재미있다는 얘기를 많이 들었는데, 이번 기회에 그런 이미지를 확실히 굳히고 싶었지. 새 친구들과 수다를 떨다가 가장 친해지고 싶었던 카르멘에게 문자메시지를 보냈어. 애슐리라는 친구가 입고 온 옷이 이상하다고 놀리는 내용이었어. "아마 그래서 벤의 파티에 초대받지 못했나 봐. ㅋㅋㅋ" 마리아는 웃기려고 한 말이었는데 그러기엔 좀 짓궂은 내용이었지. 그때 핸드폰이 터질 듯 울려 댔어. 이 메시지를 카르멘한테만 보낸 줄 알았는데 그룹 문자로 보낸 거야. 이제 모두가 마리아를 비난하고 있어. 마리아는 어떻게 하면 좋을까?

재시동 방법 1: 조용한 곳을 찾아 숨는다. 핸드폰 전원을 끈다 (#2, 채널을 바꾸자). 잠깐동안 자책하면서 친구 없이 외롭게 지내는 모습을 상상해 본다. 하지만 곧 다른 사람들도 온라인과 오프라인에서 늘 실수를 저지른다는 사실을 떠올린다(#3, 관점을 바꾸자). 그런 사람들이 모두 외톨이가 되지는 않는다.

재시동 방법 2: 스스로에게 너무 화가 난다. 한동안 남동생과 공을 차며 시간을 보내기로 한다. 그러면 기분이 나아진다는 걸 알고 있다(#2, 채널을 바꾸자). 그런 뒤에는? 무엇을 할지 결정해야 한다. 분명히 해결책은 있다(#5, 사고방식을 바꾸자). 목표는 카르멘, 애슐리와 계속 친구로 지내는 것이다. 그러기 위해 한 번에 한 단계씩 나아가기로 한다(#7, 생각의 범위를 좁히자). 먼저 사과를 해야 한다! 애슐리에게 진심을 담아 미안하다고 말한다. 그리고 카르멘에게도 자신의 마음을 솔직하게 이야기한다(#9, 실패와 눈을 맞추자). 물론 불편할 수밖에 없다. 하지만 몇 주 뒤면 평범했던 시간으로 돌아간다.

넬은 학교 성적이 좋은 편인데 특히 영어와 사회를 잘해. 이제 수학까지 평정해서 우수반에 들어가고 싶어 해. 과외수업을 받고 엄마와 함께 문제풀이도 하면서 반 편성 시험을 준비하고 있어.

그런데 막상 시험지를 받자 뭔가가 짓누르는 듯 가슴이 답답해졌어. 손을 움직일 수 없고 숨도 쉬기 어려웠어. 선생님이 왜 그러느냐고 묻는데 대답조차 하지 못했지. 그냥 고개를 저으며 빈 시험지를 들고 도망치듯 뛰어나갔어. 그 모습을 반 친구들 모두가 봤어. 다 망쳤어. 완전히.

재시동 방법 1: 방에 틀어박혀 〈해리 포터〉를 보며 팝콘을 먹는다. 몇 차례 울음이 터지지만 괜찮다고 스스로를 다독인다(#1, 자신의 베프가 되자). '너무 바보같이 굴어서 아무도 나를 좋아하지 않을 거야. 고등학교에 못 갈지도 몰라. 실업자에 노숙자가 되겠지…'라는 생각이 꼬리를 문다. 그러다 자신을 향해 "그만해!"라고 말한다. 그런 일은 절대 일어나지 않는다고 되새기면서 엄마에게 도움을 청한다(#4, 도움을 청하자). 엄마는 운전면허 시험에 세 번이나 떨어졌던 이야기를 해 준다. 넬은 웃음을 터뜨린다(#6, 롤모델에 의지하자).

재시동 방법 2: 진정하려고 애를 쓰지만 그 사건이 머리에서 떠나지 않는다. 그렇다면 방법은 단 하나! 계속 밀어붙일 수밖에 없다. 일의 우선순위를 정한다(#5, 사고방식을 바꾸자). 먼저 시험지를 다시 꺼내 훑어보며 뭐가 잘못됐는지 파악한다. 문제를 하나하나 다시 풀어 보니 모두 충분히 풀 수 있는 것이었다. 문제는 수학이 아니라 불안감이다. 차근차근 단계별로 대처할 필요가 있다(#7, 생각의 범위를 좁히자). 시험의 무게를 한꺼번에 감당하려 들지 말고 속도를 늦춰 한 번에 한 문제씩 풀어 나갔어야 했다. 다음에는 제대로 준비하고 싶다. 선생님에게 이메일을 보내 반 편성 시험을 언제 다시 치를 수 있는지 문의한다.

리즈베스는 훌륭한 축구선수야. 골키퍼로서 경기 내내 모든 선수에게 지시를 내려. 공의 움직임을 놓치지 않도록 선수들에게 서 있어야 할 자리를 알려 주는 거지.

시즌 마지막 경기가 열렸고 선수들에게 패스나 필요한 움직임을 정확히 지시하며 골문을 지키고 있었어. 그때 난데없이 리즈베스를 향해 공이 날아왔어. 동료들이 수비하려고 달려오고, 리즈베스가 "마이 볼"을 외쳤어. 늘 그랬듯 공을 향해 뛰어올랐지. 아뿔싸! 공은 리즈베스를 지나쳐서 골망을 흔들고 말았어. 상대 팀의 득점. 경기는 끝났고 팀은 패했어. 동료들은 모두 얼굴이 일그러졌어. 리즈베스는 패배의 책임이 자신에게 있다고 생각해.

재시동 방법 1: 혼자 있는다. 누구와도 대화를 나누지 않고 곧장 자기 방으로 가서 울고 싶다. 언젠가 비슷한 상황이 벌어졌을 때 도움이 됐던 것이 떠올라 책을 한 권 집어 든다. 축구가 아닌 독서에 집중한다(#1, 자신의 절친이 되자 #2, 채널을 바꾸자). 저녁 시간에 엄마에게 다른 경기에서 결승골을 허용했을 때 더 좋은 수비 방법을 터득했던 경험을 얘기한다(#3, 관점을 바꾸자). 코치에게 보충 훈련을 도와 달라고 부탁한다(#8, 반복 반복 반복). 실패를 뒤로 하고 전진한다.

재시동 방법 2: 동료들에게 달려가 사과하자 다들 리즈베스를 안아 준다. 각자 저질렀던 실수를 앞다퉈 얘기하며 리즈베스를 위로하는 통에 실수 배틀이 벌어진다. 코치까지 끼어들어서 더한 상황이 벌어졌을 수도 있었다고 한마디 거든다(#10, '그나마 다행인 이유' 리스트 작성하기). 리즈베스의 다리가 부러지진 않았잖아? 경기장에 토네이도가 불어 닥치지는 않았잖아? 좀비가 나타나진 않았잖아? 모두 웃음을 터뜨린다. 이 실수는 리즈베스의 기억에 한동안 남아 있을 것이다. 팀은 다음 주 다시 경기를 한다

(#9, 실패와 눈을 맞추자). 경기장으로 돌아가는 것이 최고의 처방이다. 동료들의 응원을 받다 보면 그런 기억 따위는 오래 머물지 못할 게 분명하다.

실패가 엄습할 때

'케일라, 위기를 맞다(1편)'에서 케일라가 팀에 들어가지 못했다는 사실은 굴욕적인 실패처럼 보였어. 하지만 케일라는 일시적인 후퇴일 뿐이란 사실을 금세 깨달았지. 이런 깨달음을 통해 더 크게 성장할 수 있었고.

도저히 극복할 수 없을 것처럼 보이는 실패도 있어. 공연 무대에서 얼어붙어 버린 헬렌 기억해? 헬렌도 한동안 패배자라는 생각에서 벗어나지 못했어. 실패는 뇌에 뚜렷이 각인되거든. 실패에 대한 통제력이 부족한 사람일수록 더 그래. 지속적으로 채널 바꾸기를 하거나 실패 해결책 10가지를 한꺼번에 동원해야 하는 상황도 종종 찾아올 거야. 그렇게 해도 실패에서 벗어나는 데 오랜 시간이 걸릴지 몰라.

헬렌은 다시 무대에 섰어. 헬렌의 부모님이 계속해서 연기를 할 수 있는 기회를 함께 찾아 줬거든. 결국 헬렌은 학교 연극에서 단역을 맡았고 예술고등학교에 지원했어. 그리고 합격했어!

여전히 무대에 오르기 전 긴장에 휩싸이지만 반복하다 보니 조금씩 나아지고 있어. 이미 최악의 실패를 경험했고 또 살아남았다는 사실을 떠올리면 마음이 차분해지곤 해. 지금도 무대에서 종종 실수하지만 포기하지 않고 자신감을 쌓아 가는 중이야.

이 리모컨을 이용하면
머릿속 채널을 단번에 바꿀 수 있어!

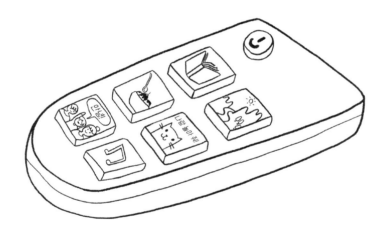

케일라, 위기를 맞다 (2편)

행동하는 친구들

16살 올리비아 리의 이야기를 들려줄게. 올리비아는 학교에서 학생연합 단체의 대표를 맡고 있어. 한국계 미국인이지만 자신이 전형적인 아시아계 소녀라는 생각을 한 번도 해 본 적이 없어. 사람들은 아시아계 소녀가 대부분 과묵하고 공부를 열심히 하고 특히 수학을 잘하는 우등생이고 수줍음이 많아 얌전하다고 생각해. 그런데 올리비아는 과감하고 자신감이 있는 소녀야. 물론 자신을 다르게 보는 시선 때문에 힘들었고 상처도 받았어.

그래서 중학교에서 아시아계 소녀들에게 힘이 돼 줄 수 있는 클럽을 만들기로 결심했어. 개방적이고 조금은 소란스럽고 간혹 부모님이나 숙제에 대해 불평을 털어놓을 수 있는 공간을 만들고 싶었어. 학교에서 공개적인 프레젠테이션을 했는데 설명회가 끝날 때까지 한 명도 가입하지 않았어. 단 한 명도. 처음엔 속상하고 화가 났지. 며칠이 지난 뒤 이렇게 생각을 정리했어. 너무 흥분한 나머지 친구들의 이야기를 듣기보다 내 생각을 말하기 바빠서 이 클럽이 얼마나 큰 힘이 될 수 있는지를 보여 주는 데 실패하지 않았나…. 지금은 더 포용력 있는 메시지를 준비하고 있어. 사람들이 생각하는 전형적인 모습에 우리를 맞춰 갈 필요는 없다는 뜻을 담으려고 해. 올리비아는 친구들에게 "우리는 지금 그대로도 충분해"라고 말해 주고 싶어.

올리비아는 프레젠테이션 결과를 실패로 여겨 포기하는 대신 내년 계획을 세우기 시작했고, 실패에서 얻은 교훈을 적용하기로 했어. 그냥 실패로 끝나고 말았을 수도 있었지만 실패를 바탕으로 다른 소녀들의 용기를 북돋아 주려고 노력하는 중이야.

제 4 장
여자애답게? 나답게!

남자 모델은 진짜 운동을 하고 있는데 난 포즈만 잡고 있네?

자신감 클로즈업

델라는 스포츠용품 매장에 있는 남성용품 코너를 둘러보고 있었어.
많은 소녀들과 다르게 델라는 분홍색이나 보라색, 핫팬츠를 좋아하지
않아. 그때 벽에 걸린 광고판이 눈에 들어왔어. 스포츠용품을 착용한
운동선수들이 모델이었는데 남성들은 모두 움직이고 있었어. 슛을 하고

드리블을 하고 점프를 하면서 땀을 흘리는 모습이야. 하지만 여성은 그냥 포즈를 잡고 있을 뿐이야. 한 여성은 카메라를 유혹하려는 듯 손을 엉덩이에 올려놓았고, 간혹 달리는 여성도 있었지만 전력으로 질주하거나 땀을 흘리지 않고 그냥 뛰어다니며 노는 수준이야. 델라는 그런 사진을 보면서 좌절감을 느낀 적이 많아. 이런 감정을 털어 버리려고 애쓰면서 신발 코너로 갔어.

델라는 그렇게 많은 농구화를 한자리에서 본 적이 없었어. 현란한 디자인, 단순한 디자인, 디자인도 무척 다양했지. 끈으로 조이는 모델, 뗐다 붙였다 하는 벨크로가 달린 모델도 있고, 반짝거리는 스팽글이 달린 모델도 있었어. 델라의 발 사이즈는 남성용 농구화를 신을 만큼 크지 않아서 점원에게 여성용 농구화는 어디에 있는지 물었어. 그랬더니 충격적인 답변이 돌아왔어. 매장에 전시된 농구화는 모두 남성용이거나 어린이용이라는 거야. 여성용 농구화는 아예 진열해 놓지 않았대. 굳이 사려면 온라인으로 주문해야 한대. 처음엔 농담인 줄 알았어. 그러다 분노가 치밀었지.

"뭐야, 대체 여자를 뭘로 보는 거지? 여자는 운동을 안 하는 줄 아나?"

이런 경험, 해 본 적 있니? 세상이 여성을 차별적 시선으로 바라본다는 사실을 눈치챘는지? 여자란 이유로 사람들이 다르게 대한다는 사실은? (아마 여자라서 더 나은 대우를 받는 경우도 종종 있을 거야. 선생님들은 말썽을 덜 피우고 공부도 잘하는 여학생에게 우호적인 경향이 있거든. 이 부분은 나중에 다시 얘기하자.) 농구화를 사 본 적이 없는 친구라도 델라가 어떤 기분이었을지는 충분히 이해할 수 있을 거야.

● 페어플레이! ●

1972년 미국에선 '타이틀 나인'(Title IX)이라는 혁명적인 법이 만들어졌어. 공립학교와 대학에서 남학생을 위한 스포츠에 여학생보다 더 많은 예산을 투입하지 못하도록 금지하는 법이야. 이 법이 생기기 전에는 여학생이 참여할 수 있는 스포츠 팀이 턱없이 부족했고 당연히 여학생 선수도 남학생에 비해 터무니없이 적었어. 여학생들은 공이나 유니폼도 갖추지 못한 경우가 많았고. 미국 전역의 고등학교와 대학교에서 스포츠 활동을 하는 여학생은 30만 명에 불과했지만 40여 년이 흐른 지금은 300만 명이 넘어. 사람들은 여학생에게 똑같은 선택지가 주어지지 못했음을 깨달았고, 쉽진 않았지만 이 법안을 통과시켜 변화를 이끌어 냈어.

이 법을 통해 만들어진 긍정적 효과는 더 있지. 스포츠를 하는 여학생은 대학 졸업 후 남성이 주도해 온 고수익 직종에 진입할 확률이 더 높다고 해. 스포츠를 하면서 회복력이 강해지고 도전과 실패, 승리와 패배의 경험을 제대로 활용할 줄 알게 되기 때문이지. 하지만 여학생들이 스포츠 팀을 그만두는 비율은 남학생보다 높아. 대개 걱정과 수줍음 때문이야. 제발 그만두지 말고 끝까지 한번 해 보자!

관찰의 힘

자신감을 형성하는 데는 외부적 요인도 작용해. 세상이 작동하는 방식, 그러한 방식이 나에게 미치는 영향이 외부적 요인이야. 물론 노력을 통해 관습을 바꿀 수는 있어. 그러나 그러한 관습을 '인지'하고 있어야 하지. '인지'는 자신감을 형성하는 결정적인 요인이야. 세상 속에서 일어나고 있는 현상을 '인지'해야 자신의 감정을 제대로 파악할 수 있고, 그러한 감정을 공유하는 사람들이 있음을 깨달을 수 있고, 행동할 수 있어. 당연하게 퍼져 있는 관습의 비평가가 돼야 세상에 대처하는 힘을 얻을 수 있는 거야.

예를 들어 델라는 자신이 스포츠용품 매장에서 느꼈던 좌절감이 당연한 것이었다는 사실을 알게 됐어. 문제는 델라가 아니라 매장이었고, 그렇게 성차별적인 방식으로 상품을 진열해도 된다고 생각하는 관습이었던 거야. 델라는 신발을 신어 볼 권리가 있어. 이제 소셜미디어에 글을 올리거나 스포츠용품 회사 CEO에게 편지를 쓰는 행동을 할지 말지 결정할 때가 된 거지.

자신감 워밍업

아래에 있는 리스트는 인터뷰를 통해 소녀들이 밝힌 사실이야. 그들과 같은 좌절감을 느낀 적이 있는지 한번 되돌아보면 어떨까?

♦ 여학생은 앞에 나서서 목소리를 높이면 '나댄다'거나 '드세다'는 말을 남학생보다 자주 듣는다.

♦ 여자아이들은 생일이나 크리스마스 선물로 주로 옷, 머리띠, 인형을 받는 반면 남자아이들은 게임기와 공을 받는다. 장난감 가게는 대개 남자용과 여자용 코너가 분리돼 있다.

♦ 여아용 코너는 인형이 많고 남아용 코너는 조립식 완구가 많다. 여아용 코너는 온통 분홍색이다.

♦ 세계 어디를 가든 여자 화장실 문에는 치마 입은 사람이 그려져 있다.

♦ 교사나 코치들은 "남자애들은 원래 어쩔 수 없어" 같은 농담을 자주 한다.

퀴즈

다음은 아주 평범한 상황에 대한 묘사야. 그런데 뭔가 잘못돼 있지 않아?

지지는 새로 시작한 의학 드라마에 푹 빠졌다. 의사 4명이 한 팀으로 출연하는데, 닥터 스콧과 닥터 그레고리는 남성, 닥터 러너와 닥터 에르난데스는 여성이다. 드라마는 의학적 수수께끼를 풀어 가는 과정을 다룬다. 스콧과 그레고리는 환자 증상의 원인을 놓고 치열한 논쟁을 벌인다. 환자의 생명이 위태로운 상황까지 치닫자 두 사람은 각고의 노력 끝에 결국 치료법을 찾아낸다. 러너는 스콧을 짝사랑하는 중이고 에르난데스는 엉뚱한 해결책을 자꾸 내놓아서 웃음을 자아낸다.

● **문제점은?**

남자 의사 2명과 여자 의사 2명. 균형이 맞다고? 아니! 역할이 완전히 다르잖아. 여자 의사는 로맨스를 담당하고, 남자 의사는 환자를 치료해. 이 부분을 눈치챘다면, 세상의 관습을 비판적으로 보는 눈이 있는 거야!

이것이 현실이다!

◊ 잡지 〈보이스 라이프〉와 〈걸스 라이프〉를 살펴보면 확연히 차이가 나. 소년 잡지는 '미래 탐험', '장래희망을 이뤄 내는 방법' 같은 제목 아래 우주비행사와 소방관 같은 직업을 소개하고 있어. 그런데 소녀 잡지의 목차는 '찰랑찰랑 머릿결 가꾸는 비결', '패션의 모든 것', '우정의 규칙', '내 인생의 첫 키스' 같은 제목으로 가득해.

◊ 대형 할인마트에서 판매하는 분홍색 여성용 티셔츠 앞면에는 배트맨의 조력자로서 배트걸이 해야 할 일이 적혀 있어. "망토를 세탁한다, 배트모빌을 세차한다, 범죄와 싸운다, 세계를 구한다."

◊ 의류회사 갭은 남녀 어린이 두 명의 사진을 광고에 쓴 적이 있어. 남자아이는 앨버트 아인슈타인의 사진이 프린트된 티셔츠를 입었는데 '꼬마 학자'라는 문구가 찍혀 있고 여자아이의 스웨터에는 알파벳 'G'가 크게 찍혀 있어. 그 옆에는 '사교계의 여왕', '놀이터의 주인공'이라고 적혀 있지.

'여자애처럼'

이런 말 자주 들어 봤을 거야.

✬ 여자애처럼 굴지 마.

✬ 공을 던져도 여자애처럼 던지네.

✬ 놀아도 여자애처럼 노네.

✬ 여자애처럼 우네.

✬ 여자애처럼 소리를 지르네.

✬ 여자애처럼 뛰네.

퀴즈

여기서 '여자애처럼'은 어떤 의미일까?

  A. 여자가 얼마나 강인한지 모두에게 알려 주려는 사려 깊은 표현이다.

  B. 여자처럼 행동하는 것은 뭔가 부족하다는 뜻이 담겨 있어 모욕에 가깝다.

● **정답**

무엇이 정답인지는 잘 알고 있을 거라고 생각해.

소녀들은 모든 분야에서 소년들 못지않게, 때로는 소년들보다 훨씬 더 뛰어나고 강인해. 하지만 여자는 남자보다 약하고 경쟁력이 떨어지며 어리석다는 구시대적 편견이 분명히 존재하고 있지.

지난 몇 년간 그런 편견이 담긴 단어들을 불편해하는 사람들이 늘어났어. 그런 사람들이 편견에 맞서 행동에 나섰고 여자애라는 단어를 긍정적으로 바꿔 놨어. #likeagirl이란 해시태그를 검색해 봐. #girlpower, #페미니즘도 찾아보고.

지금부터는 여자가 어떤 차별을 받고 있는지 내 주변에서부터 단서를 찾아볼 거야. 다른 사람의 시선이 나를 규정하도록 내버려 두지 말자고.

자신감 클로즈업

제이미는 중학교 1학년 때 자신의 관심 주제에 대해 글을 쓰는 숙제를 하게 됐어. 제이미는 '여성 학대'라는 주제를 선택했는데 그 이유는 불편하지만 드러내야 할 진실이라고 생각했기 때문이야. 그런데 선생님이 이 주제에 대해 발표하지 못하게 했어. 동물 학대, 인종 청소, 식인 풍습같이 자극적이고 폭력적인 주제를 들고 온 아이도 많았는데⋯. 선생님은 제이미의 주제가 너무 '급진적'이고 같은 반 남학생들에게

'상처'를 줄 수도 있다고 걱정했어. 제이미는 처음부터 다시 발표를 준비해야 했지. 거기서 끝나지 않았어. 학교에서 자신의 주장을 강하게 펼친다는 이유로 끊임없이 괴롭힘과 놀림을 당했어.

자신감 워밍업

관찰력을 키우는 것도 중요해. 다음 시나리오들을 곰곰이 생각해 본 뒤 점심시간에 친구들과 토론하거나 핸드폰으로 그룹 채팅을 해 보자.

◆ 액션 영화에서 멋진 전투와 모험 씬은 주로 누가 맡지? 여성은 주로 어떤 역할을 할까? 남성은 주로 어떤 역할을 할까?

◆ 오빠나 남동생이 주로 하는 집안일은 무엇일까? 여자들이 하는 집안일에는 뭐가 있어?

◆ 아버지의 친구들을 만날 때 어떤 칭찬을 주로 들어? 외모에 대한 칭찬? 아니면 무엇을 잘한다는 칭찬?

◆ 남자 친구의 생일파티와 여자 친구의 생일파티에 차이가 있어?

◆ 병원이나 미용실에 비치돼 있는 스포츠 잡지를 들춰 보자. 잡지에 등장하는 남자 운동선수와 여자 운동선수는 각각

몇 명이야?

♦ 시사 잡지를 들춰 보자. 남성의 업적 또는 남성 지도자에
   대한 기사가 몇 건이야? 여성에 대한 기사는 몇 건이야?

♦ 나는 여자니까 이래야 한다는 생각을 해 본 적 있어?

삶이 늘 공평하지는 않아. 운동장이 모두에게 늘 평평할 수는
없지. 하지만 세상의 관습을 비판적인 눈으로 보면 기울어진
운동장에서 벌어지는 일이 내 잘못 때문이 아님을 알게 돼. 그
런 생각이 앞으로의 삶에 자신감과 추진력을 줄 거야.

세상 속의 소녀들

인터뷰에 응해 준 여학생들이 세상에 대한 견해를 공유해 줬
어. 여기에 귀를 기울이면 나만의 주장과 의견을 발전시키는
데 도움이 될 거야.

11살 엘리는 수업시간에 손 들기가 조심스러워. 그래서 손
을 들기 전에 무슨 말을 해야 할지 미리 생각해. 하지만 같은
반 남학생들은 미친 듯이 손을 들거나, 떠오르는 대로 소리치
지. 심지어 엘리나 다른 학생들이 답변하는 도중에 끼어들기도

해. 선생님이 제지할 때도 있지만 그냥 웃어넘기거나 남학생들이 내뱉는 말을 수업에 활용할 때가 많아. 엘리는 규칙을 따르겠다고 손을 들고 앉아 있는 자신이 어리석게 느껴져.

엘리가 깨달은 것은?

엘리의 눈에는 여학생과 남학생에게 다른 기준이 적용되는 것처럼 보였어. 엘리는 주어진 규칙을 따르려고 노력하는데 다 그렇진 않지만 남학생들은 규칙에 별반 관심이 없어. 다음번에는 끼어드는 남학생에게 "내 말 아직 안 끝났어"라고 하거나, 발언 기회를 얻을 때까지 손을 계속 흔들어야겠어.

패트리샤는 다양한 리그에 참여해 농구 경기를 하고 있어. 어느 날 저녁 훈련 시간에 코치가 패트리샤의 팀을 불러 앉힌 뒤 특별 손님을 소개했어. 유명 스포츠 의류 브랜드 관계자들이었지. 한 사람은 전직 프로선수였어! 패트리샤는 많은 사람이 지켜보는 경기장에서 프로선수로 뛴다는 것이 어떤 느낌인지 듣고 싶어 잔뜩 기대했지. 그런데 브랜드 관계자들과 전직 프로선수는 어떻게 해야 경기 중에도 예뻐 보일 수 있는지에 대해 일장연설을 늘어놓으면서 세련된 스포츠 의상과 방수 화장품 샘플을 보여 줬을 뿐이야.

패트리샤가 깨달은 것은?

패트리샤는 예뻐 보이기보다 농구 실력을 키우는 데 더 관심이 많아. 장비에는 전혀 신경 쓰지 않아. 관심은 오직 승리야. 그런데 브랜드 관계자들의 이야기가 여자는 경기장에서 뛰어난 플레이를 할 필요가 없고 먼저 외모를 가꿔야 한다는 의미로 들려서 무척 불쾌했어. 남자도 경기장에서 멋져 보이는 요령을 배울까?

13살 캐미에게 복장 규정은 매우 심각한 문제야. 복장 규정 위반으로 벌점 카드를 여러 장 받았지. 검은색 브래지어를 입었다고, 치마가 짧다고, 스타킹을 신지 않았다고 벌점을 받았어. 하지만 남학생들은 청바지를 밑으로 내려 입어서 속옷이 다 드러나도 거리낌 없이 학교를 활보하지. 여학생의 복장 규정이 더 엄격한 이유는 남학생들이 '한눈팔지 않게' 하려는 학교 측의 의지 때문이야.

캐미가 깨달은 것은?

캐미는 복장 규정이 공정하지 않다고 느꼈어. 남학생보다 여학생에게 더 엄격한 규정이 적용되고 있다고 생각한 거야. 다른 사람들도 그렇게 생각할까?

자신감 워밍업

지금 핸드폰을 한번 꺼내 봐. 없다면 부모님 걸 잠시 빌려도 돼. 세계 각지의 여성들이 매일 엄청난 숫자의 이모티콘을 사용하고 있어. 아마 100만 개는 넘을 거야. 그런데 그런 이모티콘이 여성들의 의도를 제대로 전달하고 있을까? 이모티콘 대부분은 공주, 신부, 댄서, 고양이 귀가 달린 소녀야. 그래서 다양한 활동을 수행하고 있는 여성의 모습을 이모티콘으로 제작하자는 캠페인이 시작됐어. 지금 꺼내 든 핸드폰 속 이모티콘은 과연 나와 친구들의 생각을 제대로 보여 준다고 할 수 있을까?

이모티콘 캠페인

소녀들, 이모티콘 세계에 변화를 일으키다

고정관념

고정관념, 알아 두면 무척 유용한 단어야. 아마 많이 들어 봤을 거야. 특정 집단이나 개인에 대해 지나치게 단순하고 잘못된 추정을 하는 걸 고정관념이라고 하지. 고정관념이 만들어지는 데는 이유가 있어. 사람들을 외모, 인종, 민족, 국적, 직업, 머리 색, 성별에 따라 묶고 같은 집단에 속한 이들은 다 비슷할 거라고 여기기 때문에 생겨나는 게 고정관념이야. 여기에서 문제가 생겨. 소녀라고 해서, 소년이라고 해서, 부모라고 해서 비슷하다고 단정할 수 있을까?

고정관념은 해로운 일을 만들기도 해. 사람을 좁은 상자 안에 넣거나 자신이 속한 집단에서 밀어내기도 하는 거야. 제나가 그런 경험을 했어.

자신감 클로즈업

제나는 졸업사진을 찍으려고 중고 할인매장에서 턱시도를 샀어. 정말 잘 어울린다고 생각했지. 촬영을 하는데 사진사가 걱정스러운 표정을 짓더니 선생님을 불렀어. 선생님은 제나에게 집에 가서 옷을 갈아입고 오라고 했어. 턱시도는 '여성스럽지' 않아 여학생이 입으면 안 된다는 거야. 제나가 그렇게 이상한 차림으로 졸업앨범에 등장하면 다른 학생들에게 피해를 주는 거라고도 했어. 결국 제나는 집에 가서 드레스를 갖고 와야 했어.

자신감 워밍업

가족을 관찰해 보자.

◊ 사람들이 엄마와 아빠를 각각 여자와 남자란 이유로 다르게 대한다고 느낀 적 있어?

◊ TV나 세탁기를 고치러 온 수리 기사가 엄마보다 아빠와 주로 얘기한다고 느낀 적은?

◊ 한부모 가정이라 해도 아빠가 요리를 잘한다거나 엄마가 새는 수도꼭지를 고칠 수 있을 거라고 생각하는 사람은 많지 않을 거야.

◊ 어른들과 외식을 할 때는 주로 누가 계산하지?

◊ 사람들이 오빠나 남동생한테 하는 질문과 나한테 하는 질문이 다르지 않아?

지금부터는 마야의 이야기를 들려줄게. 마야의 부모님은 자상하지만 딸에 대한 기대치가 높았어. 그 때문에 마야가 많이 괴로웠다고 해.

자신감 클로즈업

20살 대학생 마야는, 자신에 대한 부모님의 기대치가 남자 형제들과 달랐다고 했어.

"부모님은 나를 독립적인 아이로 키우셨어. 거기까진 좋았지! 나를 뭐든 믿고 맡길 수 있는 아이라고 생각해 주셨으니까. 그 덕에 요리도 아주 잘하게 됐고. 그런데 여기서 문제가 생겼어. 항상 A를 받는 학생은 A를 받더라도 별 감동을 주지 못하잖아? 내가 늘 동생들을 돌보니까 부모님은 언제든 내가 여동생과 놀아 주고 남동생 숙제를 도와주고 요리도 할 거라고 생각하셨나 봐. 처음엔 괜찮았어. 하지만 조금 지나니까 내 숙제를 하거나 친구들과 놀러 나갈 시간이 부족해졌고 그래서 짜증이 났어. 부모님의 기대치는 계속 올라갔고, '아주 믿음직하고 든든한' 딸이란 얘기를 계속 하셨어. 지금 생각해 보면 그때 부모님께 힘들다고 말할 걸 그랬어. 남동생들은 '싫다'는 말을 입에 달고 살았는데, 나는 그럴 생각을 못 했어. 그때로 돌아갈 수 있다면 10대 시절의 나에게 말해 주고 싶어. 자신의 행복을 위해 목소리를 높이는 것은 이기적인 행동이 아니라 강인한 행동이라고."

세계 속의 여성들

어른들의 세계를 비판적으로 볼 필요도 있어. 몇 년 전부터 문화와 여성 차별이 전 세계적 관심사로 떠올랐어. 생각의 출발점으로 삼을 만한 몇 가지 사실을 소개할게.

이것을 기억하자:

✪ 모든 연령대와 과목에서 여학생이 남학생보다 성적이 좋다.

✪ 성평등이 확립된 나라일수록 부유하고 건실하다.

✪ 여성 리더가 많은 기업이 수익을 더 많이 올린다.

✪ 의회에서 여성 의원이 법안을 더 많이 통과시키고, 상대 정당과 더 많이 협업한다.

이것도 기억하자:

✪ 약 200개 나라에서 여성 국가수반은 11명, 여성 정부수반은 12명뿐이다.

✪ 미국 내 과학, 기술, 공학, 수학 분야 일자리 중 겨우 25%만이 여성의 몫이다.

✿ 어떤 직종이든 여성의 수입은 남성의 83%에 그친다. 남성
   이 1달러를 벌 때 여성은 똑같은 일을 하면서 83센트밖에
   벌지 못하는 것이다.

✿ 미국 상원과 하원을 통틀어 의원 535명 중 여성은 105명뿐
   이다.

하지만 대중은 깨닫기 시작했다

✿ 최근 미국 상원의 몇 안 되는 여성 의원 중 한 명이 공개석
   상에서 법무차관(남성이었다)에게 질의하다 남성 의원으로부
   터 조용히 하라며 제지를 당했어. 대중은 분노했고 언론이
   문제를 제기했어. 그리고 미국 전역의 여성들이 앞다퉈 비
   슷한 경험을 폭로했지.

✿ 한 여성 상원의원도 의사당에서 발표를 하려다가 입막음을
   당했어. 여성들은 크게 분노했지. 이 사건에서 영감을 얻어
   어린이 책이 출간되기도 했어.

✿ 저명한 여성 물리학자가 세계과학축제에 유일한 여성 토론
   자로 참석한 적이 있었는데 사회자가 그의 말을 자꾸 가로
   막고 끼어들었어. 참다못한 한 청중이 사회자에게 그러지
   말라고 일침을 가했어. 토론보다 사회자의 행동에 더 큰 관
   심이 쏠린 행사였어.

✿ 일터에서 벌어지는 차별을 공개적으로 고발하며 위험을 감
　수하는 용감한 여성들의 목소리가 갈수록 커지고 있어.

전 세계 여성들은 실제로 매일 용감하게 행동하고 있어.

　제시카 라이트 소장은 미군에서 여성으로 가장 높은 계급에
올랐어. 남성이 지배적인 세계에서 성공을 거뒀고 누구보다 강
인한 모습을 보여 주었어. 라이트 소장은 육군 전투여단의 사
상 첫 여성 지휘관이 됐지. 갓 임관했을 때 겪었던 사건은 정말
대단했어. 남성 상관이 라이트 소장에게 자기는 여군을 좋아하
지 않는다고 노골적으로 말했어. 라이트 소장은 "그 순간 500
가지 생각이 뇌리를 스쳤다"고 했어. 곧이어 상관을 올려다보
며 용기를 내서 "제가 그런 감정을 털어 버리게 해드리겠습니
다"라고 말했어. 용기는 통했고 상관은 그를 존중하게 됐어.

　스스로 통제할 수 없는 이유로 자신감이 흔들릴 수도 있어.
그럴 때는 엄마나 이모, 선생님, 코치처럼 살면서 만나는 여러
여성 선배들에게 조언을 구해도 좋아. 더 자신감 있고 강인한
사람으로 성장하는 방법을 배울 수 있을 거야.

행동하는 친구들

14살 실로 곤스키는 오랫동안 야구 팀 포수로 활약하고 있어. 처음 야구를 시작했을 때는 소녀들이 많았지만, 12살이 되면서 몇 명밖에 남지 않았어. 지금은 리그에 여성 선수가 셋뿐이고 실로는 또래 중 유일한 여성 포수야.

어렸을 때는 성별이 문제가 되지 않았어. 그런데 나이가 들수록 부모들과 다른 선수들이 실로를 이상하게 쳐다보기 시작했어. 다른 소녀들처럼 소프트볼로 바꾸라는 조언이 잇따랐지. "난 야구를 그만두고 싶지 않아. 야구가 좋거든. 비좁은 경기장에서 커다란 공을 던지는 소프트볼에는 관심 없어."

봄 훈련캠프를 떠나면 아이들이 쳐다보고 손가락질을 했어. 하지만 그만두지 않을 생각이야. 야구는 무엇이든 해낼 수 있다는 자신감을 줬거든. 무엇보다 여자가 야구를 계속해도 이상하지 않다는 인식을 사람들에게 심어 주고 싶어. "여자도 야구를 할 수 있다는 사실을 알려 주고 싶고 내 가치를 증명해 내고 싶어."

자신감 상승 공식

1장부터 4장의 내용을 종합해 보면 첫 번째 자신감 상승 공식을 만날 수 있어. 바로 위험을 감수하는 것!

1. 위험을 감수하자!
2. _____?_____
3. _____?_____

이 짧은 문장이 '행동하는 사람'이 될 수 있는 추진력을 줄 거야. 위험을 감수하는 건 자신감을 쌓는 데 꼭 필요하거든. 혹 실패하더라도 일단 도전해야 해. 그래야 자신감이 계속 샘솟을 수 있어.

소녀의 머릿속을
보여 줄게.

자신감은
과학이다

앨릭스와 뇌의 한판 승부(1편)

다음 편에 계속

제5장
소녀의 뇌는 바쁘게 일한다

인정할 건 인정하자고. 여자들은 걱정을 많이 해. 일을 망친 것 같다거나 큰일이 벌어졌다는 걱정을 자주 하지. '앨릭스와 뇌의 한판 승부(1편)'에 나오는 앨릭스처럼 작은 걱정거리 하나를 눈덩이처럼 키워서, 나는 부적응자고 세상 모든 사람들이 나에게 손가락질을 한다고 확신하곤 해. 특별한 걱정거리가 없을 때도 가장 친한 친구가 예전처럼 나를 챙기지 않는다거나 학교 연극에서 시작 신호를 놓쳐 작품을 망치지 않을까 상상하며 고민에 빠지지.

이렇게 생각이 꼬리에 꼬리를 물어 쳇바퀴 안의 다람쥐 같은 상황에 놓이는 현상을 심리학자들은 '반추'(ruminating)라고 하고 일반 사람들은 '기우'(overthinking)라고 말해. 최악의 상황을 설정하는 함정에 빠졌다고 표현할 수도 있어. 어느 쪽이든 바람직하지는 않아. '나는 세상에서 가장 바보 같은 사람'이란 생각이 일단 자리를 잡으면 쉽게 떨쳐 내기 어렵거든. 반추가 왜 자신감 킬러인지는 쉽게 알 수 있어. 머릿속에서 부정적인 생각이 뱅뱅 돌 때 여간해서는 위험을 감수할 용기가 나지 않지.

재미 삼아 통제 불능의 뇌에 들어가서 생각의 롤러코스터를 타 보면 아마 낯설지 않을 거야.

자신감 수수께끼

열심히 준비했고 완벽히 이해했다고 믿었던 과목의 기말시험을 망쳤다고 생각해 봐. 심지어 친구들은 전부 성적이 좋아. 거의 혜성과 지구가 충돌한 것 같은 재앙일 수 있어.

다음 시나리오를 찬찬히 살펴보면서 결정적 순간의 고통을 간접적으로 경험해 보자.

선생님이 시험 성적표를 나눠 주자 함께 공부했던 친구와 다른 아이들 얼굴에 화색이 돌았어. 그래, 이건 좋은 징조야. 그때 선생님이 건네 준 내 성적표 맨 위에 커다랗게 'D'라고 적혀 있어. 머릿속이 하얘질 거야.

시험 공부하느라 몇 시간을 쏟아 부었는데…. 자, 침착하자. 잠깐. 이게 뭐지? 설마 눈물? 안 돼! 울면 안 돼. 지금은 안 돼. 눈물아 멈춰. 근데 왜 교실에서 아무 소리도 안 들리지? 소음이든 잡담이든 내 실패의 울림 말고 다른 소리가 들려야 하는데. 제발 누가 소리 좀 질러 줘. 나만 쳐다보고 있는 아이들의 시선이 돌아가도록.

실망스러운 성적을 받았을 때 생각은 이런 침체의 나선회전에 휘말릴 수 있어. 나선은 빛의 속도로 회전하며 기분을 추락시켜. 다들 나를 실패자라고 생각할 거야… 선생님도 그렇게 생각하겠지… 친구들도 그럴 테고… 나는 실패자야… 결코 좋은 학교에 갈 수 없겠지. 중학교도 졸업하지 못할지 몰라… 엄마가 나를 죽이려 들 텐데… 나는 바보인가 봐… 앞으로도 쭉 이렇겠지….

이런 생각이 얼마나 오래 가?

20분?

1시간?

6시간?

하루?

사흘?

일주일?

한 달?

성적이 나쁘다고 며칠씩 자신을 탓하면 기운이 다 빠지고 힘들어. '난 쓸모없어'라는 생각을 몇 번이나 했어? 500번? 2000번? 셀 수도 없을 만큼? 그런 생각이 머리에 둥지를 틀고 점점 커지지는 않았어?

그런 게 바로 반추야.

반추를 멈출 방법은 있어. 먼저 문제를 직시해야 해.

뇌라는 엄청난 기관에서는 무슨 일이 벌어지고 있을까? 뇌는 컨트롤타워 역할을 하지만 동시에 아주 치명적인 생각을 끊임없이 만들어 낼 수도 있어. 이 대목에서 '인지'의 중요성이 다시 한번 부각되지. 머릿속의 생각을 관찰하고 바꿔 보는 거야.

분명히 말하지만, 결코 걱정을 늘리거나 반추를 확대하라는 얘기가 아니야! 생각을 관찰하는 건 과학자들이 '상위 인지'라고 부르는 기술이야. 한 걸음 떨어져서 내 생각을 바라보고 느껴 보는 것이지. 생각의 회오리에 휘말리는 반추와는 달라.

생각의 패턴이 잘못되어 있는 가장 흔한 경우는 다음과 같아.

재앙으로 몰고 가기: 최악의 결론을 생각하며 우울했던 적 있어? 모든 상황마다 재난을 떠올린 적은? 친구가 약속에 늦으면 사고가 났을지도 모른다는 생각을 한 적은? 좋은 일보다 나쁜 일을 먼저 생각한 적은? 앞에서 살펴본 '성적 지옥' 시나리오처럼 한 번 나쁜 성적을 받으면 앞으로도 쭉 나빠질 거라고 생각한 적은 없어?

지레짐작하기: 다른 사람이 어떤 생각을 하는지, 특히 여러분에

대해 어떻게 생각하는지 안다고 추측했던 적 있어? 예를 들면 내가 눈물을 펑펑 쏟았으니 세상 모든 사람이 봤을 거라고 확신하지는 않았어? 뭔가 나쁜 일이 벌어지면 나 때문이라고 생각하거나 사람들이 그렇게 생각할 거라고 단정한 적은 없어? 교실에서 두 친구가 속삭이고 있으면 분명히 나에 대해 얘기하고 있을 거라고 생각하진 않아?

미리 포기하기: 뭐든 벌어지고 나면 엎질러진 물이라고 생각해? 바꿀 수 있는 방법이 없다고 고개를 가로저은 적은 없어? 예를 들어 이렇게 생각하는 건 아냐? '내가 머리가 나빠서 시험 점수가 낮게 나왔는걸. 노력해 봤자 소용없어. 그냥 내가 학교 수업을 못 따라가는 거야.' 테니스를 하다가 백핸드를 한 번 놓치면 '난 테니스를 못해'라고 생각해? 아니면 '난 백핸드에 약해. 백핸드 연습을 더 해야겠어'라고 생각해?

결론: 우리는 스스로에게 거짓말을 많이 해. 작은 사건이 벌어질 때마다 재앙이라고 부풀리거나 남의 마음을 읽었다고 착각하거나 섣불리 사실이라고 확신하는 건 모두 스스로에게 하는 거짓말이야. 우리는 뇌가 만들어 내는 이런 거짓말이 얼마나 큰 고통을 불러오는지 알고 있어야 해.

  잘못된 생각은 실제로 마음에 상처를 낼 수 있어.

생각은 감정을 만들어 내고 그 감정은 행동으로 이어지거든.

이 과정을 지나다 보면 자신감에도 안 좋은 영향을 주게 돼. 너무 많은 생각(더 정확히는 너무 많은 잘못된 생각)은 나쁜 감정을 낳고 때때로 무모한 행동을 하게 해. 하지만 대부분의 경우 아무 행동도 하지 않게 되지. 두려움에 떨면서 아무것도 할 수 없는 마비 상태가 되는 거야. 행동하지 않으면 자신감은 저 멀리 달아나 버려.

자신감 워밍업

똑같은 상황을 두 가지 시각으로 바라볼 때 감정과 행동이 어떻게 달라지는지 살펴보자.

시나리오 #1

상황: 조는 가족 파티에서 전통 인디언 춤을 선보이기 위해 열심히 준비한다.

↓

생각: "춤을 잘 못 춰서 가족들이 실망하면 어떡하지? 나 때문에 파티를 망치게 되면 어떡하지?"

↓

감정: 긴장, 걱정, 불안

행동: 조는 엄마에게 너무 긴장돼 못 하겠다고 말한다. 파티가 열렸을 때 자기 대신 사촌이 춤을 추어 칭찬받는 모습을 보고 절망한다.

시나리오 #2

상황: 조는 가족 파티에서 전통 인디언 춤을 보여 주려고 열심히 준비한다.

생각: "엄마 아빠가 가족 행사에서 멋진 춤을 보여 달라고 하셨어. 열심히 준비해서 멋진 무대를 만들어야지. 완벽하지 않을 수 있고 긴장도 되지만 뭐 어때, 사랑하는 가족들 앞인데."

감정: 흥분, 기쁨, 자부심

행동: 조는 한두 가지 실수를 했지만 끝까지 해낸다. 스스로가 대견하고 가족들도 좋아했다.

시나리오 #1

상황: 케이샤는 빵을 잘 굽는다. 선생님이 케이샤에게 바자회에 내놓을 특별한 빵을 만들어 보라고 제안한다.

생각: "내가 만드는 머핀을 사람들이 싫어하면 어떡하지? 머핀이 촉촉하지 않거나 찌그러지면 어떡하지? 잘 팔리지 않으면 다 내 책임이 될 텐데."

감정: 긴장, 불안, 걱정

행동: 긴장한 탓에 타이밍을 놓쳐서 머핀이 타 버린다.

시나리오 #2

상황: 케이샤는 빵을 잘 굽는다. 선생님이 케이샤에게 바자회에 내놓을 특별한 빵을 만들어 보라고 제안한다.

생각: "선생님한테 이런 제안을 받다니 기분이 좋아. 나를 믿으시는 거야."

감정: 자부심, 만족, 의욕

행동: 저녁에 일찌감치 빵 굽기를 끝내고 TV를 볼 여유까지 생긴다.

걱정을 잘 제어하고 통제하면 이런 좋은 변화가 생길 수 있어.

꿀팁!

이렇게 한번 해 보자.

편안하게 앉아서 눈을 감아 봐. 그리고 안 좋은 일을 떠올려 봐. 추락한 성적, 친구의 비난, 부모나 다른 가족과의 말다툼, 그밖에 상상하기 힘들 만큼 나쁜 일도 좋아. 그런 생각을 하면서 한동안 시간을 보내는 거야. 부정적인 생각이 머릿속을 헤집고 다니도록 놔두는 거지. 단지 떠올리기만 해도 슬퍼지거나 화가 나거나 기분이 가라앉는다는 사실을 이제 알 수 있을 거야.

이번엔 멋진 일을 떠올려 봐. 강아지와 보냈던 즐거운 시간, 선생님이 과제물에 적어 준 칭찬, 우리 팀이 이겼던 경기, 좋은 친구와 함께 지냈던 기억…. 그 순간을 머릿속에서 재생해 봐. 아마 저절로 미소가 떠오르거나 차분해지거나 기분이 좋아질 거야.

이렇게 특정한 생각을 통해 정반대의 감정을 차례로 만들어 보았어. 우리가 생각의 흐름을 계속 파악하고 있어야 하는 이유는 이 때문이야.

자신감 워밍업

남자아이와 여자아이는 똑같은 상황에서 전혀 다른 생각을 하는 경우가 많아. 지금부터 키아라와 리오의 이야기를 들려줄게.

키아라는 과학 과목의 조별 과제에 참여하고 있었어. 만들기로 한 전기회로와 관련해 좋은 아이디어가 있었거든. 조원들에게 아이디어를 말했는데, 리오가 끼어들었어. "그렇게 해서 잘될지 모르겠어. 전기가 잘 통하게 은박지를 추가하면 어때? 그럼 아마 잘될 것 같아!"

키아라의 생각

기분이 상했어. 모든 조원이 내가 바보 같은 아이디어를 냈다고 생각할 것 같아. 물론 리오도 나를 바보 같다고 생각하겠지!?

리오의 생각

전혀 문제가 되지 않는다고 생각해. 키아라의 아이디어를 통째로 깎아내린 게 아니라 더 잘되도록 한 가지 제안을 했을 뿐이야. 우리 조는 서로 협력해서 과제를 아주 잘해내고 있어.

소녀들은 스스로 틀렸다고 생각하는 경향이 강해. 이 부분에 관해 과학 실험을 한 적이 있는데, 여러 번 반복해도 결과는 같았어. 과학 문제로 시험을 치르는 대학생들에게 10문제 중 몇 개나 맞힐 것 같은지 물었어. 남학생들은 평균 7개, 여학생들은 평균 5.8개를 맞힐 것 같다고 답했어. 그리고 시험을 치른 뒤 예상 성적을 다시 물었어. 남학생들은 시험 전 예상보다 많이 맞힌 것 같다고 했고, 여학생들은 예상보다 적게 맞힌 것 같다고 했어. 채점 결과 남학생과 여학생의 성적은 같았어. 남녀 모두 10점 만점에 평균 7점을 얻었지. 실력이 비슷한데도 여학생은 최악의 상황을 설정해 놓은 거야. 우리는 스스로를 과소평가할 때가 많지. 도대체 왜 그럴까?

뇌에 관한 재미있는 사실

남성과 여성의 뇌는 다를까? 크게 보면 남성과 여성, 소년과 소녀의 지능은 비슷해. 몇몇 기능적 차이가 있을 뿐이지. 반드시 기억해야 할 사실은 이 기능적 차이가 옳고 그름, 나쁘고 좋음이 아니고 모두에게 똑같이 적용되지도 않는다는 거야. 다만 한 번쯤 생각해 볼만한 보편성이 있을 뿐이야.

♦ 여성의 뇌 속 전두엽 피질은 남성보다 더 능동적이야. 이마 뒤쪽에 있는 이 부위는 이성적 사고를 관장하지. 과학자들은 이 때문에 여성이 큰 그림을 보는 사고력과 문제 해결력이 뛰어나다고 말해.

♦ 여성은 기억이 저장되는 뇌의 해마 부분이 발달해 기억과 감정적으로 더 강하게 연결돼 있어. 남성도 기억력은 비슷하지만 그 기억에 감정이 수반되는 강도는 여성보다 약해.

♦ 여성은 좌뇌와 우뇌를 함께 사용하는 데 능숙해서 여러 가지 일을 동시에 해내는 능력이 남성보다 뛰어나지. 남성은 한 가지를 깊이 생각하는 좌뇌에 의존하는 경향이 있고.

♦ 여성은 남성보다 감성 지능(EQ)이 높아. 뇌의 감성 통제 본부인 변연계가 남성보다 더 크고 더 발달했어. 그래서 다른 사람의 표현과 감정을 잘 읽어 낼 수 있지.

♦ 뇌에는 과학자들이 잔걱정 센터라고 부르는 부분이 있어. (정식 명칭은 전방 대상회. 너무 어려워서 별명이 붙을 수밖에 없지!) 문제를 포착하는 기능을 수행하는 잔걱정 센터는 남성보다 여성이 더 커.

♦ 과학자들은 여성의 뇌 신경세포가 남성보다 더 활발하게 신호와 정보를 전달한다는 사실을 알아냈어. 여성의 뇌가 더 바쁘게 일하는 셈이야.

소녀의 뇌는 바쁘게 일한다

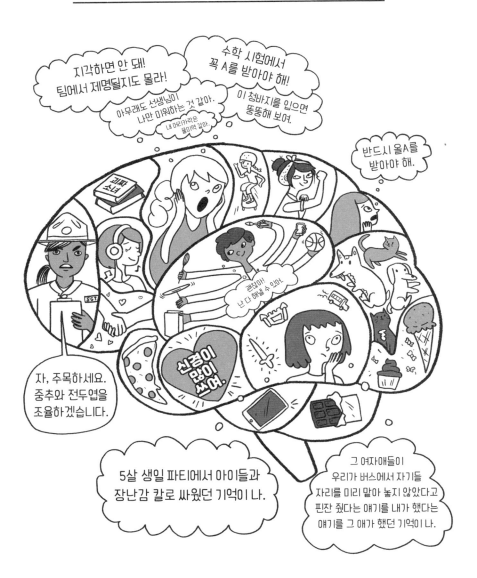

모두 과학자들이 밝혀 낸 놀라운 사실이야. 여성의 뇌는 강력하고 장점도 많아. 그런데 이 부분을 다른 관점에서 생각해 볼 필요가 있어. 장점이 너무 많아서 오히려 문제에 부닥치기도 하거든. 뇌가 너무 능동적이고 활발해서 걱정과 생각을 너무 많이 하게 만들고 기억을 곱씹게 하는 거지. 그래서 얼토당토않은 결과를 상상하게 되고 결국 너무 조심스러워지고 위험을 회피하고 더 불안해하고 삶을 즐길 수 없게 만들어.

자신감 클로즈업

루나는 늘 생각이 너무 많아. 한번은 수학시험을 치는 날 몸이 아파 결석했는데 다음 날 수학선생님이 다시 시험 칠 기회를 주겠다고 했어. 수학은 루나가 제일 잘하는 과목이었고 선생님은 루나가 이미 충분히 준비돼 있다고 격려해 주었어. 루나는 걱정에 걱정을 거듭하다 차라리 낙제를 하는 것이 낫겠다는 황당한 생각까지 하게 됐어. 낙제하면 재시험을 치를 수 있었거든. 루나는 문제를 제대로 풀고도 정답을 지운 뒤 다른 답을 적었어. 선생님은 이를 알아채고 시험을 중단시켰어. 답안지를 불빛에 비춰 보고 처음에 적었던 답을 확인한 뒤 루나에게 'C'를 줬어. 이제껏 수학에서 받은 가장 낮은 성적이었어. 쓸데없는 생각으로 스스로를 괴롭히지 않았더라면 훨씬 좋은 성적을 받았을 거야.

이런 상황이 낯설지 않다고? 그렇다면 여러분은 지극히 정상이야. 아이든 어른이든 여성의 뇌는 그렇게 작동할 수 있어.

그렇다면 기우와 염려는 자신감 형성에 어떤 영향을 미칠까? 걱정과 의심의 늪에 빠져 과감히 도전하려 하지 않고 위험을 감수하려 하지 않고 모험을 즐기지 못하게 만들지.

자신감 클로즈업

11살 준은 학교에서 떠나는 여행이 두려워. 집을 떠나 잠을 자야 하는 게 너무 싫거든. 다른 아이들처럼 신이 나서 준비하고 싶었지만 생각은 이미 어지럽게 침체의 나선회전을 시작했어. 재미있을 거라고? 그런 생각은 1도 안 드는데···. 준은 끊임없이 떠오르는 '만약에'를 통제할 수가 없어. 만약에 아프면 어떡하지? 음식이 입에 맞지 않으면 어떡하지? 화장실이 너무 멀면 어떡하지? 무서운 생각이 들거나 집에 가고 싶으면? 친구 집에서 잔다면 좀 나을 것 같아. 최소한 부모님이 금방 데리러 올 수는 있으니까. 하지만 1박 2일 학교 여행이라고? 멀미를 하면 어쩌지? 우리를 태운 버스가 길을 잃으면 어쩌지? 생각만 해도 속이 울렁거려. 준은 두려움과 부정적인 생각에 압도당해 이미 여러 차례 여행을 포기했어.

뇌 개조

뇌로 인해 잘못된 생각에 다다를 수 있어. 그러나 언제든 뇌에 새로운 고속도로와 우회로를 만들 수 있다는 점을 기억해야 해. 첨단 과학을 통해 생각과 행동을 바꾸고 새로운 습관을 만들면 뇌의 활동 방식도 달라진다는 사실이 밝혀졌거든. 과학자들은 이를 신경가소성이라고 불러.

뇌를 개조하는 능력은 우리가 스스로 더 큰 자신감을 쌓을 수 있다는 사실을 보여 주는 생물학적 근거가 돼. 자신감 형성 외에도 다양한 분야의 뇌 개조 과정이 연구된 적이 있지. 좀 오싹한 사례도 있어. 거미가 위협을 전혀 느끼지 못하는 먹잇감을 향해 은밀히 접근하는 모습을 상상해 봐. 벌써 등에 식은땀이 난다고? 거미공포증은 매우 흔해. 과학자들은 이 공포증이 있는 뇌가 개조될 수 있는지 알아내기 위해 거미를 무서워하는 사람들에게 거미 사진과 실제 거미를 보여 주면서 특수 장비로 그들의 뇌를 관찰했어. 그 결과 공포를 관장하는 편도체가 반응하는 것을 확인했어. 이어 그들을 한 방에 모아 놓고 거미에 대한 진실, 예를 들어 대다수 거미는 전혀 해롭지 않고 사람에게 접근하지도 않는다는 사실을 알려 줬어. 그리고 지구에서 가장 크고 털이 많은 거미 타란툴라를 만져 보게 했어.

이후 다시 거미 사진과 실제 거미를 보여 주며 그들의 뇌를 관찰했어. 놀랍게도 공포를 관장하는 편도체가 거의 반응하지 않았어. 대신 이성적 사고를 담당하는 전두엽이 활성화됐어. 겨우 2시간 만에 뇌를 바꾼 거야. 이렇게 짧은 시간 동안에도 생각과 감정에 놀라운 변화를 가져올 수 있어.

뇌 개조를 위한 전술

여기 뇌에 자신감을 불어넣어 줄 최고의 전술이 있어. 우리가 인터뷰했던 소녀들 중 대다수가 이미 이런 전술을 사용하고 있었어.

'아마' 주문을 걸자. 부정적인 생각의 회오리에서 벗어날 수 있는 지름길이야.

바로 눈앞에서 대형 거미가 다가오는 정도의 무시무시한 사건이 벌어졌다고 생각해 봐. 오늘 반 아이들 앞에서 망쳐 버린 발표가 머리를 떠나지 않아. 발표하면서 계속 더듬거리고, 들고 있던 자료를 떨어뜨렸어. 그야말로 최악이었지. 아이들이 키득거렸을 게 분명하고 다시는 조별 과제를 나와 함께 하지 않을 거야. 내가 싫어하는 아이(피오나라고 해 두자)의 얼굴에 의기양양한 표정이 떠올랐던 것 같아.

주문을 거는 방법:

벌어진 상황 중 일부에 대해 새로운 이야기를 만드는 거야. 각 문장을 '아마'로 시작하면 돼.

"아마 피오나는 의기양양한 표정이 아니었을 거야."

"아마 피오나는 점심에 먹은 맛없는 피자를 생각하고 있었을 거야."

"아마 _____."

(빈칸을 직접 채워 보자)

'아마'의 내용이 상황을 충분히 설명하지 못하거나 조금 논리적이지 못하더라도 이 방법은 분명히 효과가 있어. 과학적으로 입증됐다니까.

"아마 새로 전학 온 남학생의 문신에 다들 관심이 쏠려서 아무도 내 실수에 주의를 기울이지 않았을 거야."

이상하게 들릴 수 있겠지만 그래도 한번 시도해 보자. 당장 나를 괴롭게 만드는 사건을 다른 각도에서 바라볼 수 있도록 해 주고 부정적인 생각을 멈출 수 있도록 도와줄 거야. 관점을 바꾸고 사고를 유연하게 만드는 자신감 구축의 두 가지 핵심 기술과도 일치해.

과거에 성취한 것과 미래에 하고픈 것의 리스트를 만들자. 이 전술은 뇌의 즐거움 센터를 활성화하고 공포 센터를 진정시키는 역할을 해. 조시는 이런 리스트를 계속 만들어 침대 머리맡에 뒀어. 자신이 쓸모 없는 사람이라고 여겨질 때 들춰 보면 잘하는 것과 하고 싶은 것이 얼마나 많은지 다시 깨달을 수 있거든. 지금 당장 자신감 공책에 이 리스트를 작성해 보도록 해.

기분전환이 될 수 있는 긍정적인 이미지를 보고 긍정적인 생각을 하자. 긍정적인 이미지를 보면 우리 뇌는 엔도르핀(진통 효과를 내는 호르몬)을 분비한다고 해. 긍정적인 생각을 할 때도 그렇고. 아주 잠깐 보거나 생각해도 효과는 분명히 나타나! 사리타는 훌륭한 업적을 이룩한 여성들의 사진을 핸드폰에 저장해 놨어. 스트레스를 받을 때마다 사진을 보면 기분이 나아지거든!

일시정지 버튼을 누르자. 아이비는 폭발할 것 같은 기분이 들 때 스스로 멈춰. 아무것도 하지 않고 몇 분을 보내는 거지. 가만히 앉아서 심호흡을 하는 거야. 멈춰서 호흡을 가다듬고 명상을 하는 사람들을 오랜 기간 연구한 결과 실제로 공포 센터가 줄어든다는 사실이 확인됐어.

채널을 바꾸자. 이 요령은 기억하고 있을 거야. 뇌의 스트레스를 줄이는 좋은 방법이지. 음악을 듣거나 개와 산책하거나 바이올린 연습을 하면서 머리에 맴도는 생각의 주제를 바꾸면 돼. 채널을 바꾸면 뇌의 편도체가 통제 범위를 벗어나지 않도록 막을 수 있어.

부정적인 생각을 종이에 적은 다음 갈기갈기 찢어 버리자. 과학자들은 이 상징적인 행위가 실제로 긍정적인 감정을 불러일으킨다는 사실을 확인했어. 나탈리도 두꺼운 매직펜으로 종이에 부정적인 생각을 적은 뒤 잘게 찢었어. 방이 지저분해지지만 기분은 분명히 좋아져!

열기구에 올라타자. 정말 열기구에 올라타라는 말은 아니야. 여기에는 과학적 원칙이 숨어 있어. 바구니에 올라타고 천천히 구름 위로 올라가는 상상은 뇌에 휴식을 주거든. 처음엔 하늘과 들판과 눈에 보이는 색깔에 집중하는 거야. 다음엔 나를 괴롭히는 문제를 내려다보면 돼. 다른 사람의 일이고 나는 그저 관찰자일 뿐이라는 생각으로. 이를 통해 뇌는 새로운 관점을 얻게 돼. 비록 상상 속에서 하늘과 색깔을 응시할 뿐이지만, 이렇게 뇌를 관찰자의 시선으로 인도하면 공포 센터인 편도체가 차분해지고 이성적 사고를 관장하는 전두엽이 다시 활력을 얻어. 스텔라는 엄마와 이 게임을 자주 해. 최근 절친의 성인식과 남자친구의 성인식이 같은 날 열렸어. 어느 쪽에 참석할지 결정할 때 이 방법을 사용했어. 잡초가 무성한 벌판을 벗어나 공중으로 떠오르자 절친에게 자신이 더 필요하다는 사실을 깨달을 수 있었어.

행운의 마스코트를 정하자. 손에 쏙 들어올 만큼 작은 무언가를 갖고 다니면 좋아. 뇌가 부담을 느끼기 시작할 때 꺼낼 수 있도록. 마스코트를 묘사하는 세 단어를 미리 생각해 두고 마스코트를 볼 때마다 그 단어에 집중하는 거야. 마음이 빠르게 진정될 거야. 세 가지 단어를 떠올리는 행위가 뇌의 언어 영역을 활성화하는 방아쇠가 돼. 이는 곧 뇌의 뒷부분에 있는 공포 센터가 작동을 멈춘다는 뜻이야. 종이 클립이나 머리핀, 열쇠, 조약

돌 같은 행운의 마스코트를 찾아내 갖고 다니면 도움이 돼.

● 감사하는 습관 ●

이 장에서는 부정적인 생각에 대해 자세히 다루고 있어. 채널을 바꾸기에 좋은 또 하나의 방법은 '감사하는 습관'이야. 과학자들은 매일 감사하며 보내는 시간이 많을수록 더 행복하고 건강해진다는 사실을 발견했어. 공책이나 핸드폰을 꺼내 감사 거리 세 가지를 써 봐. 잘하는 일 세 가지를 꼽아도 좋고, 다른 사람이 베풀어 준 친절 세 가지도 좋아. 좋은 음식, 기분 좋은 포옹, 예쁜 꽃도 상관없어. 핸드폰에 알람을 설정하거나 매일 아침 볼 수 있는 곳에 리스트를 붙여 놓으면 뇌에 감사의 씨앗을 뿌려 부정적인 잡초들을 뽑아낼 수 있을 거야.

뇌 개조 실행하기

 ## 자신감 수수께끼

지금부터 뇌 개조 전술 실행 팁을 알려 줄게. 이 장 처음에 등장했던 교실 멘붕 사건 기억해?

시험에서 실망스러운 성적을 받았다고 해 보자. 즉시 채널을 바꿔 뇌에서 일어나는 회오리를 멈추게 할 수 있어. 집에서 기다리는 반려동물, 엄마에게 사 달라고 부탁했던 옷, 최근에 받았던 칭찬을 떠올리는 거야. 그리고 방과 후 집에 갔을 때 마음속 열기구를 타는 거지. 구름에서 내려다보는 듯 차분한 시선으로 왜 낮은 성적을 받게 됐는지 생각해 봐. D라는 점수를 받다니, 대체 무슨 일이 있었던 거지? 시험에 나온 개념을 잘 이해하지 못했나? 충분히 공부하지 않았나? 시험 준비에 실제로 들인 시간이 얼마나 되는지 돌아봐. TV나 채팅에 정신이 팔렸거나 그저 멍하니 앉아 있지는 않았어? 일단 원인이 분명해지면 방향을 정하기는 쉬워. 먼저 원인을 찾아보자.

자신감 수수께끼

스스로 뇌를 얼마나 잘 다룰 수 있는지 알아보자.

절친 토리가 다른 친구 소냐를 불러 하룻밤 같이 놀았는데 둘 다 나에게 말해 주지 않았어. 둘은 내가 그 사실을 아는 줄도 몰라(솔직하게 얘기할 기회를 줬는데도 말하지 않았어). 사이가 어색해졌고 난 상처를 받았어.

충분히 상처받을 만한 상황이야. 그리고 부정적인 생각이 계속 싹을 틔우고 있을 거야. 머릿속에 떠오르는 부정적인 생각을 앞서 얘기한 잘못된 사고 패턴과 연결시킬 수 있는지 살펴보자.

잘못된 사고 패턴

- 미리 포기하기
- 재앙으로 몰고 가기
- 지레 짐작하기

생각

A. "다 끝났어. 토리랑 소냐와 다시 친구가 될 수 없을 거야. 난 누구와도 진정한 친구가 될 수 없어. 오늘은 내 인생 최악의 날

이야!"

B. "둘은 밤새 나를 얼간이라고 비웃었을 거야. 나를 차 버렸다면서 낄낄댔겠지. 끊임없이 내 얘기를 했을 거야."

C. "이제 아무런 희망이 없어. 엎질러진 물이야. 둘은 서로를 선택했고, 나를 선택하지 않았어. 받아들이고 사는 수밖에 없어. 둘은 나랑 친구가 될 생각이 없고, 내가 바꿀 수도 없어. 아마 나는 외톨이가 되겠지."

● 정답

A. 재앙으로 몰고 가기. B. 지레 짐작하기. C. 미리 포기하기

세 가지 선택지 모두 잘못된 논리와 부정적인 생각으로 가득 차 있어. 타임머신이 있어서 그때로 다시 돌아갈 수 있다면 어떻게 하겠어? 우리가 앞에서 살펴본 전술을 사용한다면 어떻게 될까? 행동을 적절한 전술과 연결 지어 보자!

뇌 개조 전술
• 채널을 바꾼다
• 글로 적은 다음 찢어 버린다
• 자신에게 '아마' 주문을 건다

- 일시정지 버튼을 누른다
- 긍정적인 이미지를 찾아서 본다

행동하기

A. 자신에게 이렇게 말해 봐. '아마 소냐 엄마가 딸을 집에 혼자 둘 수 없어서 토리 엄마에게 부탁했기 때문에 소냐 집에서 하룻밤을 보냈을 거야. 소냐 엄마는 우리 엄마보다 토리 엄마와 가까우니까. 토리와 소냐 모두 그 상황이  좀 당황스러웠을 거야. 그래서 나한테 말하지 않았겠지.'

B. 이 상황을 재앙으로 여기게 만드는 모든 생각을 종이에 써 봐. 종이를 공처럼 둥글게 뭉쳐 개에게 장난감으로 줘 버려.

C. 옷장 정리를 시작하거나 인터넷에서 방을 새롭게 꾸밀 아이디어를 찾아봐. 때론 돌아가는 길을 선택하는 편이 마음건강에 좋으니까.

D. 여행, 애완동물, 친구들 사진 같은 기분이 좋아지는 이미지를 들여다보는 거야. 상처받은 감정을 달래는 데 도움이 돼.

E. 위에 나열한 행동들을 시도하기 전에 잠시 침대에 누워서 천장에 생긴 틈이 몇 개나 되는지 세어 봐.

● **정답**

A. 자신에게 '아마' 주문을 건다. B. 글로 적은 다음 찢어 버린다. C. 채널을 바꾼다. D. 긍정적인 이미지를 본다. E. 일시정지 버튼을 누른다.

뇌를 제어하는 법을 터득하면 자신감을 키우는 지름길을 알게 된 것과 다름없어. '앨릭스와 뇌의 한판 승부(1편과 2편)'를 보면서 새롭게 배운 기술을 자신의 일상에도 적용해 봐.

　앨릭스 스스로 상황을 재앙이라 생각해 불안감에 휩싸이는 과정, 그러다 자신의 장점에 초점을 맞추고 그 불안감에서 스스로 벗어나는 과정에 주목하는 거야.

앨릭스와 뇌의 한판 승부(2편)

잠깐만.

생각을 바꾸면 도움이 될 것 같아. 내가 좋아하는 것들을 떠올려 보자.

음. 이번 주말 농구대회가 너무 기다려져.

자, 내 우유 폭탄을 받아라, 제이슨!

자, 여기.

고마워.

내가 운동 신경이 좋아서 다행이야. 이제 학교식당이 그렇게 무섭지 않아. 내 반바지도 그렇게 나쁘지 않고.

원더우먼 오셨네!

반사 신경의 여왕! 네 덕분에 제이슨이 살았어.

행동하는 친구들

14살 코델리아 롱고는 어떤 소녀나 한 번쯤 경험했을 난관에 봉착했어. 생리용품을 챙기지 않고 등교했는데 갑자기 생리를 시작한 거야. 학교 화장실 자판기에서 생리대를 사려고 했는데 자판기는 돈만 먹어 버렸어. 결국 수위 아저씨에게 도움을 청해야 했어.

　그냥 넘어가는 사람들도 있겠지만 코델리아는 화가 났어. "생리는 하고 싶을 때 할 수 있는 게 아니잖아." 생리대 살 돈이 없거나 자판기가 고장 났다는 이유로 여성이 당황하는 경우는 없어야 한다는 생각이 들었어.

　코델리아는 존경하는 여성들의 삶을 관찰하는 걸 좋아해. 여성 영웅들의 이야기를 읽고 좋은 영감을 많이 받지. 아시아계 미국인인 코델리아의 조상 루미엔족은 인권을 위해 투쟁한 사람들이야. 코델리아는 인터뷰를 하면서 자신을 포함한 여성들을 위해 싸워야 한다는 의지가 생겼다고 말했어.

　코델리아는 학교에 무상 생리용품을 비치하자는 캠페인을

시작했어. 청원서를 만들고 서명을 받아 교장 선생님과 이사회에 보냈어. 청원서에서 "정상적인 생리 현상을 해결하기 위해 사용하는 화장지처럼 생리대와 탐폰도 자연스럽고 정상적인 생리 현상을 처리하는 데 꼭 필요하다. 유일한 차이는 생리대와 탐폰을 여자만 사용한다는 것"이라고 주장했어. 그리고 한동안 엄마와 함께 생리대를 사다가 바구니에 담아 학교 화장실에 놔 뒀어. 영감을 주는 격언도 적어 놨어. 결국 학교 이사회도 코델리아의 주장에 수긍할 수밖에 없었지. 현재 코델리아가 다니는 중학교와 인근 고등학교에선 생리용품을 무상으로 제공하고 있어. 코델리아는 이 모든 일들에 대해 "사람들의 삶, 여성들의 삶을 더 나아지게 하고 싶었을 뿐"이라고 말했어.

제6장
우정과 자신감이라는 공생관계

우정 실험
반드시 절친과만 해 볼 것!

친한 친구랑 있으면 기분이 좋아져. 나를 이해하는 사람이 옆에 있으면 행복감, 기쁨, 따스함, 안도감이 느껴지지. 그런 친구와 보내는 시간은 좋은 음식이나 공기만큼 중요해. 우정이 사람을 더 건강하고 행복하게 만들어 준다는 사실은 과학적으로도 입증됐어. 또한 자신감은 우정이 밑바탕이 될 때 더 커져.

우정에 관한 몇 가지 사실

◊ 우정은 심장병에 걸릴 확률을 낮춰 더 오래 살게 해 준다.

◊ 친구와 함께 있으면 진통 효과가 있는 호르몬 옥시토신이 분비돼 차분하고 행복해진다.

◊ 친한 친구가 없는 것이 흡연만큼 건강에 해롭다는 연구 결과도 있다.

◊ 여성은 싫어하는 일을 해야 할 때 친구가 옆에 있으면 스트레스를 덜 받는다.

◊ 단 한 명이라도 좋은 친구가 있는 여성은 그렇지 않은 경우보다 스트레스 호르몬이 적게 분비된다.

◊ 친구의 행동은 전염된다. 한 사람의 좋은 습관은 친구들에게 영향을 미치는데 나쁜 습관도 그렇다.

◊ 여성의 뇌는 친구의 평가를 중요하게 여기도록 설계돼 있다. 따라서 남들의 시선에 신경 쓰는 행동은 정상이다.

진짜 친구 구분하기

우정을 바탕으로 자신감을 키우기 위해서는 먼저 진짜 친구를 구분할 수 있어야 해. 친구는 나를 격려해 주는가, 아니면 나와 늘 티격태격하는가?

함께 있으면 기분 좋은 사람이 많을수록 자신감이 상승해. 케일라가 농구 팀에 도전할 때 앨릭스와 이마니가 어떻게 행동했는지, 앨릭스가 학교식당에서 제이슨을 보호해 줬을 때 케일라와 이마니가 어떤 반응을 보였는지 생각해 보자.

그런 게 우정이야.

직접 들어 보았다!

우리와 대화한 소녀들은 '진짜 친구'를 이렇게 정의했어.

"함께 놀면 재미있다."

"내가 행복해지기를 바란다."

"내가 좋아하는 걸 좋아한다."

"나를 있는 그대로 받아 준다."

"내 기분을 상하게 했을 때 미안해한다."

"내가 이겼을 때 기뻐해 준다."

"내게 압박감을 주지 않는다."

"내 비밀을 지켜 준다."

"나와 공통점이 많다."

"나를 위해 나선다."

"나를 이해한다."

"내 말에 귀 기울인다."

반면, 스스로 친구라 하지만 여러 가지 이유로 나를 기분 나쁘게 하는 사람도 있어.

직접 들어 보았다!

소녀들은 이런 친구는 진짜 친구가 아니라고 했어.

"나에게 못되게 군다."

"내 비밀을 떠벌린다."

"내 기분에 신경 쓰지 않는다."

"내 말에 귀 기울이지 않는다."

"나에 대해 거짓말을 한다."

"내가 다른 친구를 사귀지 못하게 한다."

"내가 하기 싫은 일을 하게 만든다."

"내 탓을 자주 한다."

"다른 사람 앞에서 나를 놀린다."

"숙제를 할 때 혹은 뭔가가 필요할 때 도움을 받고는 사라진다."

"나와 경쟁하려 한다."

"내가 죄책감을 느끼게 만든다."

퀴즈

진짜 친구일까, 친구 흉내를 내는 사람일까?
다음 중 진짜 친구가 할 만한 행동을 골라 보자.

1. 친구와 똑같은 청바지를 샀다. 친구의 청바지는 친구에게 잘 어울리지 않았다. 하지만 친구가 좋아해서 예쁘다고 말해 줬다!

2. 친구와 주말마다 함께 논다. 어느 주말, 친구는 다른 친구의 집에서 밤새 놀자는 초대를 받았는데 나는 초대받지 못했다. 친구는 인기 많은 애한테 초대받았다는 사실을 자랑스러워하며 계속 그 얘기만 한다.

3. 친구가 주말에 새로 생긴 암벽 등반 시설에 가자고 했다. 나는 영화를 보고 싶은데 지난주에도 영화를 봤기 때문에 웃으면서 "거기서 몇 시에 만날까"라고 말한다.

● **정답**

1. 진짜 친구: 까다로운 문제지만 의심의 여지는 없어. 친구가 의사결정을 위해 의견을 물었다면 솔직하면서도 최대한 부드럽게 말하는 게 좋아. 하지만 친구가 그 청바지를 정말 마음에 들어 한다면 마음껏 칭찬해. 옷 스타일은 개인의 취향이니까!

2. 친구 행세만 하는 사람: 진짜 친구는 상대방의 기분이 상하지 않도록 배려해. 근데 자랑은 배려가 아니야.

3. 진짜 친구: 진짜 친구라면 한 번씩 돌아가면서 좋아하는 일을 함께할 거야. 이게 배려지. 서로에 대한 배려는 우정을 쌓는 데 가장 중요해.

꿀팁!

내가 생각하는 친구의 정의는?

　진짜 친구는 _____ .

　친구 흉내를 내는 사람은 _____ .

　대부분의 소녀들은 친구가 되는 데 필요한 자질을 갖추고 있어. (소년들도 그렇긴 하지만 소녀들은 친구관계에 필요한 감성지능이 특히 뛰어나지.) 하지만 우정은 쉽게 얻어지지 않아. 큰 어려움 없이 찾아와 잔잔한 호수에서 나란히 수영하듯 가꿔 갈 수 있는 친구 관계도 있지. 그러나 서로 다가가기 두렵고 진정한 친구란 생각이 들 때까지 시간이 많이 걸릴 때도 있어. 어떤 친구 관계에나 노력이 필요한데, 그 노력의 결실인 우정은 자신감을 쌓는 데 꼭 필요해.

우정학 개론

소통, 소통, 소통. 정직한 소통은 자신감 있는 우정을 키우는 데 필수 요소야. 그렇다고 친구한테 좋아하는 TV 프로그램을 일일이 문자메시지로 보내라는 뜻은 아니야. 때때로 불편한 주제에 대해서도 이야기할 수 있어야 한다는 뜻이지. 친구한테 기분이 상했던 적이 있니? 질투를 느낀 적은? 화가 난 적은? 이런 감정은 정면 대응을 하지 않으면 곪아 터질 수 있어. 터놓고 얘기하는 건 누구에게나 힘들어. 하지만 친구 관계에서도 위험을 감수해야 자신감을 키울 수 있다는 사실을 기억하자.

다음은 친구와 소통하며 건강한 관계를 맺는 데 꼭 필요한 방법들이야.

1. 자신의 감정을 파악하자. 자기 뇌에서 무슨 일이 벌어지고 있는지 먼저 들여다보자. 그래야 자신의 감정을 다른 사람에게 표현할 수 있어. 먼저 지금 내 감정이 어떤지 직시하자. 늘 나를 기다려 주던 친구가 말도 없이 가 버렸어. 별일 아니라고 털어 버릴 수도 있고, 속상해할 수도 있어. 그런데 좀 더 깊이 들여다보면 아마 상처를 받았을 거야. "왜 말도 없이 그냥 갔지?

창피하게 15분이나 혼자 서 있었잖아!" 자신의 솔직한 감정을 파악하고 나면 그 감정을 인정해야 해. 겨우 이까짓 일로 상처를 받으면 안 된다는 생각 따위는 하지 말자. 자연스러운 반응이니까.

2. 추측하지 말자. 앞에서 말했던 잘못된 생각의 패턴 기억해? 누구도 남의 마음을 읽을 수 없고, 아무리 나쁜 일도 결코 최악의 상황은 아니야. 친구 두 명이 속삭이고 있다고 해서 내 흉을 보고 있을 거라고 추측하지 말자. 또 친구가 문자를 바로 보내지 않았다고 해서 화가 나 있다고 지레짐작하지도 말자. 내가 방과 후에 친구와 놀고 싶어 하는지 아닌지 친구가 추측만으로 알아낼 수는 없어. 말을 해 줘야 알지.

3. '나' 로부터 시작하자. 상황이 파악되면 일단 친구와 .대화를 하는 것이 가장 건강한 방법이야. 오래 묵혀 두지 말자. 그러면 감정이 끓어올라 문제가 더 커져! 말문을 여는 최선의 방법은 '나'로부터 시작하는 거야. '나는 그때 기분이 상했어…', '나는 좀 화가 났어…', '나는 실패한 사람이 된 기분이었어…'. 나를 주어로 이야기를 풀면 상대방을 비난한다는 인상을 주지 않을 수 있어. '너 때문에 기분이 상했어', '너 때문에 내가 바보가 됐어' 같은 말은 친구를 경계하게 만들어. 이 경우 싸움으로 번지기 쉽지. 내가 어떻게 느꼈는지, 내 감정을 설명하자. 물론 '나'를 주어로 내세우면 스스로의 감정과 생각을 모조리 드러내야

해. 그래야 친구의 공감을 이끌어 낼 수 있어.

4. 자신의 책임을 인정하자. 책임 의식을 느낄 필요가 있어. 이 문제에서 내 책임은 없는 걸까? 친구로서 감당해야 할 책임을 생각해 보자. 나는 친구의 말을 잘 들어주는지? 내 마음은 열려 있는지? 친구가 못되게 굴 때 나도 그렇게 하면서 화를 내진 않았는지? 친구를 비난하는 것처럼 보이지 않으려면 내 잘못을 인정하고 드러내야 해. 사과는 큰 힘을 발휘하지.

5. 해결책을 찾자. 완벽하지 않을 수 있어. 수학문제 해답처럼 깔끔하지 않을 수도 있어. 문제를 극복하고 긍정적인 관계로 나아가는 것이 최선의 길이야. 해결책은 타협을 통해 얻어지고, 우정은 주고받는 것임을 기억하자!

아, 대체 그 친구한테 뭐라고 해야 하지?

문장은 반드시 '나'로 시작하도록.

● 뜻밖의 친구를 얻는 대통령의 기술 ●

링컨 대통령은 이렇게 말한 적이 있어.

"난 그가 싫다. 그래서 그를 더 잘 알아야 한다."

무슨 뜻일까? 잘 모르는 사람에 대한 판단이 결코 정확할 수 없다는 사실을 링컨 대통령은 알고 있었던 거야. 노력하면 뜻밖의 보상이 찾아올 수 있다는 사실도 알고 있었지. 혹시 잘 모르는 누군가를 판단한 적은 없니? 만약 그랬다면 그 사람을 더 잘 알기 위해 노력해 보자. 아마 놀라운 일을 경험하게 될 거야.

퀴즈

이런 상황에 처한다면 어떻게 해야 할까?

1. 몇 주 전부터 절친 린지가 옷가게 오픈 행사에 가고 싶어 했어. 오픈 소식을 처음 들었을 때부터 린지와 나는 줄곧 그 얘기만 했지. 그런데 오픈 일에 린지가 나한테 말도 없이 나자야랑

함께 간 거야. 월요일 아침에 둘이 나란히 새 셔츠를 입은 모습을 보고서야 안 거지. 린지는 내 눈을 피하려고 해. 나는 몹시 화가 났어. 이럴 때, 어떻게 해야 할까?

A. 눈에는 눈, 이에는 이. 린지가 나를 무시하면 나도 무시가 뭔지 보여 준다.

B. 린지와 나자야에게 가서 이렇게 말한다. "나 빼놓고 둘만 갔다 왔다며? 기분 잡치게 해 줘서 고맙다!"

C. 화장실에 가서 심호흡을 한다. 얼굴에 찬물을 뿌리며 마음을 진정시킨다. 점심시간에 늘 그랬던 것처럼 린지 옆자리에 앉아 셔츠가 예쁘다고 말해 준다. 그리고 이렇게 말한다. "옷가게 다녀와서 좋았겠다. 근데 난 좀 당황했어. 나랑 같이 갈 줄 알았거든." 그리고 린지가 어떻게 된 일인지 설명할 기회를 준다.

2. 푸미와 나는 뭐든 함께하는데, 푸미는 얼마 전에 여러 대회에서 우승하며 두각을 나타내기 시작한 코딩 동아리에 가입했어. 푸미는 늘 그 얘기만 해. 새 프로젝트를 준비하거나 동아리 회원들과 디자인 회의를 하느라 놀 시간도 없고 우쭐대는 모습이 너무 눈에 거슬려. 끊임없이 늘어놓는 자랑에 어떻게 대처해야 할까?

A. 내 감정을 숨긴다. 그 감정을 드러내기엔 너무 창피하다.

푸미가 동아리 얘기를 끊임없이 이어 가도 꾹 참는다. 아무 일도 없는 척하면 이런 감정도 사라질 테니까.

B. 푸미는 나와 친구로 지내기보다 새로 사귄 친구들, 새 동아리에 더 관심이 많은 게 분명하다. 새로운 삶에 푹 빠져 있는 듯하니 나는 이쯤에서 빠져야겠다.

C. 푸미에게 잠시 산책하자고 제안한다. 산책하면서 할 얘기를 미리 생각해 놓는다. 코딩에 도전하다니 대단하다는 말로 시작해 그런 푸미가 정말 자랑스럽다면서 대화를 마무리한다. 그리고 푸미가 화를 낼지도 모른다는 위험을 감수한다. 푸미에게 내가 약간의 질투와 소외감을 느꼈다고 알려 주는 것이다. 그런 감정을 인정하기가 쉽진 않겠지만 푸미와의 우정을 잃지 않으려면 말해야 한다.

3. 소피는 정말 재미있는 친구지만 나에게 집착하는 경향이 있어. 커플 팔찌와 커플 목걸이를 사서 같이 하고 다니자며 주기도 해. 심지어 다음 날 무슨 옷을 입을지도 나와 의논하려고 해. 내가 다른 친구들과 찍은 사진을 인터넷에 올리거나, 매일 매순간 함께 있지 못하거나, 미리 상의하지 않고 헤어스타일을 바꾸면 화를 내. 소피와의 관계를 끝낼 생각은 없어. 여러 친구와 두루 친하게 지내고 싶다는 말을 어떻게 전달해야 할까?

A. 나는 소피에게 그런 말을 할 수 없다. 이미 덫에 걸렸기

때문이다. 친구가 아예 없는 것보다는 한 명이라도 있는 게 낫다. 방법이 없다. 소피는 내 인생이 끝나는 날까지 내 곁에서 떠나지 않을 것이다.

B. 소피의 전화를 피한다. 문자메시지 답장도 '잊어버려서' 못 했다고 한다. 주말 계획은 거짓말로 둘러댄다. 그렇게라도 해서 소피에게서 벗어나야 한다.

C. 소피에게 어떻게 말할지 계획을 세운다. 상처를 주지 않으려고 할 말을 미리 연습한다. 먼저 소피와 계속 친하게 지내고 싶다고 말한다. 하지만 절친이라는 단어에 얽매이고 싶지는 않다고 분명하게 말한다. "난 사실 요즘 압박감을 느낄 때가 있어"라거나 "내 친구들 중에서도 넌 가장 가까운 친구야!" 같은 '나'로 시작하는 문장을 사용해 소피를 비난하는 인상을 주지 않는다.

4. 친구 베라가 샘을 무척 좋아한다고 내게 털어놨어. 우리 셋은 매일 방과 후에 집까지 함께 가면서 과자를 사서 나눠 먹곤 해. 그 뒤로 베라와 샘 사이가 왠지 어색하게 느껴져. 베라가 아파서 결석한 어느 날 나는 샘에게 농담 삼아 베라가 샘을 좋아한다고 얘기했어. 그때는 웃으면서 넘어갔는데, 이제 샘이 베라 앞에서 어색하게 행동하고 베라는 내가 비밀을 누설했다는 걸 알아챘어. 베라는 상처를 받았고 화를 냈어.

A. 끔찍한 짓을 했다. 왜 그랬는지 모르겠다. 입이 가벼워서 라기보다는 조금 질투를 느꼈던 건 아닐까? 아니면 나와 샘의 관계가 변할까 봐 걱정이 됐나? 너무 당황스럽다. 그냥 빨리 지나가 버렸으면 좋겠다.

B. 베라의 화난 표정을 보고 있기 힘들어 이렇게 말해 버린다. "그래, 내가 샘한테 말했다. 뭐 어때? 처음부터 네가 잘못한 거야. 나를 믿지 말았어야지!"

C. 오랫동안 나 자신을 찬찬히 돌아본다. 겨우 이런 친구가 되려 했던 것인가? 베라에게 정말 미안하다고 진심으로 사과한다. 내가 어리석은 짓을 했다고 인정한 뒤 어떻게 만회할 수 있을지 물어본다.

● **정답**

주로 A를 선택했다면 자신을 괴롭히는 문제가 무엇인지 진지하게 고민할 필요가 있어. 아무 문제 없는 척 지나갈 순 없거든. 무엇 때문에 속이 상해? 혹시 고민을 부정하면서 안전 구역에 머물고 있진 않아? 아니면 습관처럼 나쁜 우정에 안주하고 있지는 않아?

주로 B를 선택했다면 잘못된 생각에 빠져 과잉반응을 하고 있을 수 있어. 문제를 재앙으로 키우는 지름길이기도 해. 혹시 남의 마음을 읽는 능력이 있어? 경솔하게 행동하지 않으려면 문제를 해부해 보고 잘못된 생각의 패턴에서 벗어나야 해.

주로 C를 선택했다면 감정 표현에 능숙한 거야. 열린 마음으로 솔직하게 우정에 접근하고 있어. C를 하나만 선택했더라도 자신감 있는 우정을 쌓아 가는 출발점으로 나쁘지 않아.

자신감을 바탕으로 새로운 친구 만들기

이런 격언이 있어. "새 친구를 만들어라. 하지만 오랜 친구도 지켜라. 새 친구는 은이고, 오랜 친구는 금이다." 은이든 금이든 새 친구를 사귀기는 쉽지 않은데, 그렇게 친구를 사귀고 나면 그만한 보람이 있어. 새 친구를 사귀는 과정을 통해 자신감도 커져. 낯선 이에게 접근한다는 두려운 도전을 완수했기 때문이지. '새로운 친구 만들기'는 '위험 감수'를 설명한 장에서 언급한 소녀들도 가장 두려운 과제로 꼽은 적이 있어. 하지만 일단 시도하면 대부분 결실로 이어지고 자신감을 쌓는 데 도움이 돼. 내 친구들이 반드시 나와 비슷한 사람일 필요는 없어. 나와 다른 스타일의 사람들에게도 마음을 열어야 해!

직접 들어 보았다!

몇몇 소녀들이 제시한 새 친구를 사귀는 기술이야.

"편견을 버려야 한다. 반장은 콧대가 높다거나 모범생은 지루하다고 생각하기 쉬운데, 모두 착각이다."

"우울한 모습만 보이면 사람들이 함께 어울리려 하지 않는다. 건강한 관계를 맺으려면 긍정적인 모습을 보이려 노력해야 한다."

"다른 아이들의 감정을 배려해야 한다. 나, 나, 나만 생각하면 친구 사귀기가 정말 어렵다."

"다양한 사람들을 열린 마음으로 대해야 한다. 내가 운동부에 있더라도 연극부원과 친해질 수 있다."

"전학생을 배려한다. 나보다 그 친구가 낯선 공간에서 더 힘든 시간을 보내고 있을 테니까!"

"사람들에게 질문을 한다. 어떤 책, 어떤 노래, 어떤 색깔을 좋아하는지. 이런 질문은 어색함을 녹이는 힘이 있다."

"칭찬을 한다! 꾸며 내지 말고 진심으로."

퀴즈

매디슨은 이번 주말에 새 친구 캐시와 영화를 보러 가고 싶어. 하지만 그러려면 먼저 나서서 캐시에게 물어봐야 해. 한데 캐시가 단칼에 거절할 수도 있고, 소중한 주말을 왜 너랑 함께 보내냐며 비웃을 수도 있고, 더 친한 친구와 선약이 잡혀 있을 수도 있어. 온갖 끔찍한 결말이 매디슨의 머리에 맴돌고 있어.

매디슨은 어떻게 해야 할까?

　A. 학교에서 캐시를 만났을 때 자연스럽게 영화 얘기를 꺼낸다. "이번 주말에 꼭 보고 싶어. 정말 재밌대."

　B. 탐정처럼 조사에 나선다. 주말 계획을 이야기하면서 캐시에게 선약이 있는지 파악한다.

　C. 캐시와 단둘이 있게 될 때를 기다렸다가 직접 물어본다. 캐시가 부담스럽지 않도록 자연스럽고 조용하게 말을 꺼낸다. 최악의 시나리오는 "절대 싫어!"라는 답을 듣는 것이다.

● **정답**

세 선택지 모두 좋은 방법인데, 자신감의 강도에 차이가 있어.
A. 이 방법을 택한다면 매디슨은 생각을 행동에 옮긴 거야. 하

지만 정확한 의사소통이 이뤄지지 않은 건 아닐까? 자기 의사를 분명히 밝히지 않으면서 안전 구역에 머물고 있는지도 몰라. 위험을 감수하지 않기 위해 너무 많은 생각을 한 것 같아.

B. 나쁘지는 않아도 아주 좋은 방법은 아니야. 매디슨은 자신의 생각을 드러낼 경우 닥칠 수 있는 위험을 회피했어. 역시 지나치게 생각을 많이 한 거지.

C. 가장 자신감이 넘치는 방법이야. 캐시가 싫다고 하면 매디슨은 마음이 힘들겠지만, 적어도 캐시에 대해 더 잘 알 수는 있어. 이제 캐시가 싫다고 할 경우 어떻게 대처할지 계획만 세우면 돼. 캐시에게 영화를 보러 갈 수 없는 이유가 있을지도 몰라. 예를 들어 잘못한 일이 있어서 부모님이 외출금지령을 내린 상태일 수도 있는 거지. 캐시가 거절한다고 해도 자기연민에 빠져 다시는 친구를 사귀지 않겠다고 다짐할 필요는 없어. 그냥 다른 친구에게 영화를 보러 가자고 하면 돼. 혼자 가도 돼고!

해로운 친구와 친구를 가장한 적: 자신감 킬러들

평소 좋은 친구라고 생각했던 친구가 있어. 음악 취향도 같고 야구도 좋아하고 만화에 열광해. 출발은 좋아. 하지만 우정에도 요요현상이 있어. 친밀한 시간 1분을 보내고 나면 불만스러운 10분이 찾아오지. 친구가 언제 어떻게 못되게 굴지, 나를 비참하게 만들진 않을지 미리 알 도리는 없어. 다만 친구가 나를 있는 그대로 받아들이지 않고, 나를 바꾸려 하거나 조종하려 든다면 '친구를 가장한 적'일 가능성이 커. 친구인 줄 알았는데 적이란 사실을 알게 되면 고통스럽지. 그런 관계는 자신감을 떨어뜨려.

자신감 클로즈업

할리는 바니와 5살 때부터 친구였어. 12살이 된 지금은 바니를 볼 때마다 혼란스러워. 서로 토닥토닥 보듬어 주며 다정한 시간을 보내던 바니가 어디로 갔는지 모르겠어. 못된 바니는 빈정대고 짜증을 내면서 기분을 상하게 해. 할리의 옷을 아래위로 훑어보거나 헤어스타일을 보면서 웃어 대. 끊임없이 관계를 망가뜨리는 거지.

하루는 바니가 할리의 말투를 날카롭게 꼬집었어. 상처를 받은 할리는 바니에게 기분이 상했다고 말했지만 못된 바니는 더 못되게 굴었어. 할리는 바니와의 관계가 진정한 우정이 아님을 깨달았어. 바니와 있으면 화만 나고 늘 부정적이 되니까. 할리는 엄마에게 털어놓고 함께 계획을 세웠어. 그리고 바니를 따로 만나 이런 관계가 서로에게 좋지 않다고 말했어. 바니는 불같이 화를 내고 소리를 질러 댔어. 끔찍한 경험이었지만, 할리는 곧 안도감을 느꼈어. 못된 바니한테서 벗어나자 분명히 전보다 편안해졌거든.

가짜 우정을 끝내는 건 독사를 마주하거나 절벽에서 뛰어내리기보다 두려울 수 있어. 도저히 용기가 나지 않을 수도 있지. 하지만 진짜가 아닌 해로운 우정을 방치하면 그게 네 자신감을 갉아먹을 거야.

왕따

학교마다 친구를 괴롭히는 아이들이 있어. 공격적이고 조롱하고 욕설을 퍼붓고 낄낄대며 비웃는 이 녀석들은 다른 사람을 불행하게 만들면서 즐거움을 얻지. 친구를 가장한 적보다 더 노골적이고, 피하기 어려운 경우가 많아. 그런 아이들을 상대하려면 특별한 전술이 필요해.

왕따 가해자의 특징은? 소녀들은 이렇게 답했어.

"거짓말을 한다."

"다른 아이를 비웃을 때 앞장선다."

"사람들의 기분을 상하게 한다."

"친절한 척, 칭찬하는 척하면서 못되게 군다."

"장애가 있거나 조금 다른 점이 있는 아이들을 골라서 괴롭힌다."

괴롭힘을 목격할 때 소녀들은 이런 말로 대응한다고 했어.

"어떻게 그런 말을 하니?"

"음… 하나도 재미없어."

"걔 그냥 내버려 둬."

"다 같이 웃지 않으면 웃기는 말이 아니야."

"너 진심으로 한 말은 아니지?"

퀴즈

왕따 가해자를 다루는 방법은 더 있어. '행동하는 사람'이 되는
거야. 누군가 괴롭힘을 당할 때 방관자로 남지 않고 나서는 사
람 말이야. 다음과 같은 상황이 벌어지면 어떻게 할 것인지 생
각해 보자.

1. 학교식당에 다운증후군이 있는 아이가 혼자 앉아 있는데 여
럿이 그를 둘러싼 채 머리카락을 헝클어 놓으면서 괴롭히고
있어.

   A. 내가 나섰다가 소란이 벌어지면 오히려 저 아이가 창피
   해할 수 있으니 멀찍이 떨어져 앉는다.

   B. 괴롭히는 아이들에게 사과를 던지며 머리를 쥐어뜯어버
   리겠다고 소리를 지른다.

   C. 다운증후군 아이에게 다가가서 옆자리에 앉아도 되겠는
   지 물어본다. 괴롭히는 아이들에게 "아무도 재미있어 하지
   않아. 그만해"라고 말한다.

2. 모니카가 운동복 차림으로 학교 화장실에 들어가려는데 덩치
큰 아이가 "여긴 진짜 여자들만 들어갈 수 있다"며 가로막는다.

   A. 상황이 끝나기를 기다린다.

B. 괴롭히는 아이를 밀쳐서 바닥에 쓰러뜨린 뒤 모니카에게 "얼른 화장실로 들어가!"라고 말한다.

C. 심호흡을 한번 한다. 모니카에게 다가가 "그냥 무시해. 쟤는 네가 멋있어서 질투하는 거야. 나올 때까지 기다릴 테니까 같이 교실로 가자"라고 말한다.

3. 체육수업이 끝난 뒤 샤워실에서 필라가 옷을 바닥에 떨어뜨렸어. 흠뻑 젖은 옷을 입어야 하는 상황이 된 거지. 아이들 몇몇이 필라를 가리키며 낄낄거릴 때 나도 모르게 이렇게 놀렸어. "필라, 우산이라도 갖다 줄까?" 다들 웃음을 터뜨렸고 나는 필라에게 미안해 마음이 불편해졌어.

A. 이미 엎질러진 물이니 서둘러 라커룸을 빠져나간다.

B. 옷을 입은 채 샤워실에 들어간다. 내 옷도 젖었으니 적어도 필라 혼자 젖은 옷을 입고 교실에 앉아 있게 되지는 않을 것이다.

C. 그 말을 내뱉자마자 후회가 밀려왔다. 필라에게 다가가 미안하다고 말한다. 라커에서 타월을 가져다주고 드라이기로 옷을 말려 준다. 그날 밤 필라에게 안부를 묻는 문자를 보내며 다음 체육수업이 끝난 뒤 같이 씻자고 제안한다. 필라가 씻을 동안 내가 옷을 들어주고 내가 씻을 동안 필라가 내 옷을 들어주면 된다.

● 정답

각 문항에서 A를 택했다면 괴롭힘에 맞서 행동하는 훈련을 할 필요가 있어. 피하는 게 능사는 아니야.

B를 골랐다면 행동에 옮기기 전 일시정지 버튼을 눌러 봐. 괴롭힘에 맞서느라 스스로 괴롭히는 사람이 돼선 안 돼.

C를 선택했다면 행동하는 사람의 자질을 충분히 갖추고 있어!

괴롭힘이 위험한 수위에 다다랐다거나 대응하기 두려운 상황이라면 부모나 교사, 코치에게 알려야 해. 그건 절대 고자질이 아니야. 나와 친구들을 보호하는 현명한 방법이야.

우리 얘기 좀 할까? 자신감 있는 대화를 위한 행동요령

루이사는 "친구들에게 내 감정을 솔직하게 털어놓고 싶은데 친구들이 화를 낼까 봐 걱정된다"고 했어.

털어놓고 말하는 건 결코 쉽지 않지. 하지만 좋은 친구에게든, 친구 같은 적에게든 그렇게 해야 해. 감정을 건설적인 말로 바꾸는 아이디어를 대본으로 만들어 보면 어떨까? 우리가 인터뷰한 소녀들이 몇 가지 아이디어를 내놨어. 나에게 맞는 아이디어인지 살펴보자.

화가 났다면 얼굴을 맞대고 얘기해야 해. 이렇게 해 보자.

"우리 나중에 얘기 좀 할까? 물어볼 게 있어."

"시간 좀 있니? 정리해야 될 문제가 있어서."

"며칠 전에 있었던 일 기억나?"

"나 좀 도와줄래?"

"난 ㅇㅇㅇ한 기분이 들어."

"넌 ㅇㅇㅇ에 대해서 어떻게 생각해?"

내가 싫어하는 무언가를 친구가 하고 있다면 이렇게 해 보면 어떨까?

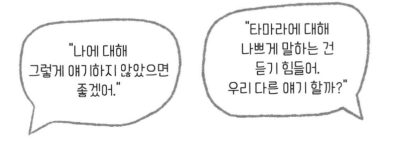

"나에 대해 그렇게 얘기하지 않았으면 좋겠어."

"타마라에 대해 나쁘게 말하는 건 듣기 힘들어. 우리 다른 얘기 할까?"

"네 얘기도 듣고 싶은데, 내 얘기부터 먼저 끝내면 안 될까?"

"점심시간에 네가 나를 놀려서 기분이 별로였어. 네가 일부러 그랬다고 생각하진 않지만 기분이 좋진 않더라."

싫다고 말해야 한다면 이런 방법이 있어.

"나도 하고 싶은데 오늘은 어려워. 다음에 하면 어때?"

"미안하지만 난 다른 일이 있어서 안 돼. 나중에 어떻게 됐는지 알려 줘!"

"고마운데 난 별로야. 난 다음에 갈게. 너희들끼리 가."

"난 공포영화 별로야. 대신 이 영화는 어때?"

"미안… 숙제가 너무너무 많아!"

평소에 연습해 놓자. 리스트를 만들어 둬도 좋아. 대비를 철저히 하면 자신감도 올라갈 거야.

행동하는 친구들

14살 아니자 아샤드는 매사에 무척 조심스러워. 미국에서 태어났지만 아니자의 가족은 파키스탄 출신 무슬림이야. 무슬림 여자들은 히잡을 쓰는데, 종교와 피부색 때문에 사람들이 쳐다보고 욕을 하기도 해. 병원에서 의사로 일하는 이모는 히잡을 찢어 버리려는 사람들에게 떠밀려 넘어지기도 했어. 아니자의 친구들도 비슷한 괴롭힘을 당했다고 해. 아니자는 무슬림 차림으로 돌아다니면 위험하다는 사실을 잘 알아. 그래서 몇 년째 이중생활을 해 왔어. 모스크에서 만난 친구들과 있을 때는 무슬림 소녀로, 학교에서는 전형적인 미국인 소녀로.

그런데 고등학교에 진학하자 두 세계가 충돌했어. 무슬림 친구들과 미국인 친구들이 한 학교에 다니게 된 거야. 아니자는 불안함과 어색함 사이를 오가다 마침내 친구를 구분해서는 안 된다는 사실을 깨달았어. 정체성을 되찾기 위해서는 누구에게나 진정성 있는 모습을 보여야 했지. "난 무슬림이야. 기도를 하고 엄마와 대화했어. 엄마는 수많은 난관을 뚫고 여기까지 온 전사야. 엄마가 해냈다면 나도 할 수 있을 거야."

무슬림 친구들과 미국인 친구들은 아니자를 전폭적으로 지지했고 다 같이 사이좋게 지내게 됐어. 친구들로부터 자신감을 얻은 아니자와 무슬림 친구 둘은 위험을 감수하고 학교에 무슬림학생연합 지부를 만들었어. 처음엔 교장 선생님에게 모임의 목표를 설명하고 구상을 밝히기가 좀 무서웠어. 하지만 시도를 하고 나니 무슬림이 아닌 친구들까지 지원을 해 줬어. 그렇게 시작된 무슬림학생연합은 조금씩 성장하고 있어.

제 7 장
SNS 세상에서 자신감 키우는 법

내가 핸드폰 들여다보는 시간이 너무 길다고?

소셜미디어는 우리의 자신감을 송두리째 뒤흔들 수 있을 만큼 영향력이 대단해. 문자 그대로 언제 어디에나 존재하면서 우리를 평가하고 유혹하고 소외시키고 부추기지. 나쁜 일이든 좋은 일이든 엄청나게 과장하고. 그 덕에 소셜미디어와 건강한 관계를 맺는 것이 엄청 중요해졌어. 소셜미디어는 자신감을 집어삼키는 블랙홀이 될 수도, 자신감을 키우는 데 필요한 새로운 우주가 될 수도 있어.

우리는 핸드폰, 태블릿, 컴퓨터에 둘러싸여 지내고 있어. 벌써 핸드폰을 쓰는 사람도 있고 아직 허락을 받지 못한 사람도 있을 거야. 핸드폰이 있든 없든 가상세계에서 어떤 일이 벌어지고 있는지는 알고 있어야 해.

퀴즈

온라인 상식을 테스트해 보자. 다음은 사실일까 거짓일까?

1. 청소년의 90%가 매일 온라인에 접속한다.

2. 청소년의 10%가 핸드폰에 중독돼 있음을 느낀다고 답했다.

3. 소셜미디어를 사용하는 청소년의 대부분은 지나친 공유를 큰 문제라고 여기지 않는다.

4. 청소년의 대부분은 온라인 공간에서 더 '나다워진다', '진정한 내가 된다'고 생각한다.

5. 온라인으로 전송하거나 공유하는 개인 사진의 3분의 1은 모든 대중에게 공개되고 있다.

1. 사실이다. 정확히는 92%가 매일 온라인에 접속한다.

2. 거짓이다. 청소년의 50%가 중독을 느끼고 있다.

3. 거짓이다. 청소년의 88%가 지나친 공유를 큰 문제라고 생각한다.

4. 거짓이다. 청소년의 77%가 자신의 온라인 이미지를 진짜가 아니라고 여긴다.

5. 사실이다. 무섭지 않은가?

과학기술은 자신감과 밀접한 연관이 있어. 컴퓨터를 통해 친구들, 모임과 연결이 될 수 있기 때문이야. 위험을 감수해야 할 때, 행동해야 할 때 핸드폰이나 컴퓨터를 통해 지지를 얻을 수도 있지.

하지만 단점도 있어. 학교에서 괴로운 사건이 터졌을 때 집에 돌아와도 괴로움이 이어지거든. 온라인 공간이 열려 있기 때문이야. 사건에 관해 글을 써서 소셜미디어에 올리고 사진을 게재하고 의견을 구하느라 몇 시간씩 흘려보내면서 '좋아요'를 세어 보게 되지. 이렇게 되면 사건에서 헤어나오지 못하고 더 매달리게 되면서 뇌가 쉴 수 없게 돼.

목표는 소셜미디어를 자신감 있게 사용하는 거야. 철저히 도구로 사용해야 해. 부정적인 생각이 커지도록 내버려 두면 안 돼. 다음 이야기가 도움이 될 거야.

소녀 전문가

23살 사메라 파즈는 10대 시절에 사람들이 좋아할 만한 완벽한 이미지를 만들어 내고 공유하는 데 집착했어. 그 때문에 스트레스가 엄청났다고 고백하면서 이렇게 조언했어. "소셜미디어에는 오해와 비약에 이르는 수만 가지 길이 있다. 진흙탕에 빠지기 십상이다. 얼굴을 마주보고 감정과 의견과 약점을 직접 공유할 때와 같은 효과는 기대할 수 없다. 무엇이 진짜 현실인지 구별하지도 못한 채 가짜인 나를 만들어 내게 되고, 그것이 가져오는 좋아요와 팔로워와 이른바 친구들에게 중독돼 버린다."

퀴즈

다음 질문에 최대한 정직하게 답하자. 답을 다 쓰고 나면 계산 능력이 필요할 수도 있어!

핸드폰을 얼마나 자주 확인해?

　1. 매시간(또는 몇 분마다)

2. 하루에 두세 번

3. 확인해야 할 사항이 있을 때

친구에게 문자메시지는 얼마나 자주 보내?

1. 매시간(또는 몇 분마다)

2. 하루에 두세 번

3. 전해야 할 말이 있을 때

친구들이 나만 빼고 사진을 찍어 온라인에 올리면 신경이 쓰여?

1. 신경이 쓰이냐고? 그런 일이 있으면 죽고 싶을 것 같다.

2. 명치에 강펀치를 한 방 맞은 것 같은 느낌일 것이다. 몇 시간 동안 정신을 차리지 못하다가, 결국 마음을 가다듬고 넘어갈 것이다.

3. 물론 신경이 쓰이지만, 핸드폰을 꺼 놓은 뒤 누구나 겪을 수 있는 일이라고 생각하려고 한다.

'좋아요'를 많이 받지 못하면 우울해져?

1. 좋아요와 팔로워는 살아가는 이유다. 많을수록 좋다!

2. 너무 자주 확인하지 않으려고 노력하지만 사실 좋아요를 갈망한다.

3. 내 인스타그램 동영상에 누군가 좋아요를 누르면 좋긴

하지만 동영상을 하나 더 만들고 싶어지는 정도다.

사진에 찍히는 자신의 모습 때문에 스트레스를 받아?

1. 물론. 멋진 사진을 위해 최고의 필터와 렌즈와 편집 도구를 갖추고 있다.

2. 촬영된 사진 중 가장 잘 나온 것을 골라 온라인에 올릴 뿐이다. 그래서 한 장도 올리지 못할 때도 있다.

3. 스트레스? 아니. 바보처럼 찍혀도 좋다. 다 내 모습이니까.

온라인에 뭔가 올렸다가 나중에 후회할 때가 있어?

1. 물론. 그런데 뭐 어때. 심각하게 여기지 않는다.

2. 그렇다. 주로 다른 사람이 하는 대로 따라 하다가 후회하는 편이다.

3. 그런 적은 별로 없다. 온라인 공간에선 특히 더 신중해진다.

● **정답**

이제 점수를 매겨 보자. 1번은 1점, 2번은 2점, 3번은 3점이야.

총점은 몇 점이야? 총점이 6~8점이면 중독 수준으로 온라인에 빠져 있는 거야. 괜찮아. 누구나 그럴 수 있으니까. 하지만 이 중독에서 벗어날 길을 찾아야 해.

9~14점이면 완전히 중독된 상태야. 때때로 컴퓨터나 핸드폰에서 한 걸음 떨어져 일상을 되찾을 때도 있겠지만, 이 장을 계속 읽으면서 의지를 더 굳건히 할 필요가 있어.

15점 이상이면 균형을 잘 유지하고 있는 편이야. 필요할 때 소셜미디어를 이용하고 언제든 거기서 걸어 나올 수 있지. 혹은 소셜미디어에 접속할 환경이 아직 충분히 마련되지 않은 것일 수도 있어. 어느 쪽이든 소셜미디어에 대한 뚜렷한 전략을 세워 두면 이 균형을 유지하는 데 도움이 될 거야.

핸드폰의 주인으로 사는 법

지금 여러분의 핸드폰은
자신감을 갉아먹고 있지 않아?

핸드폰 집착은 이제 그만!
꼬리에 꼬리를 무는 부정적 생각,
진이 다 빠지는 SNS의 굴레,
머리가 멍해지는 핸드폰 화면에서 벗어나는 법이
바로 여기에!

앞에서 배운 부정적인 생각과 맞서 싸우기 위한 전술, 기억하
니? 그 전술은 소셜미디어 때문에 일어나는 위기 상황에서도
쓸 수 있어. 거기에다가 몇 가지를 추가했어.

☆ 채널을 바꾸자.

☆ 일시정지 버튼을 누르자.

✰ 긍정적인 이미지와 생각을 활용하자.

✰ 행운의 마스코트를 찾자.

✰ 열기구에 올라타자.

✰ 자신에게 '아마' 주문을 걸자.

✰ 핸드폰을 내려놓자. 핸드폰을 5분만 내려놓아도 위기를 벗어나기에 충분하다.

✰ 핸드폰을 안 보이는 곳에 두자. 눈에 들어오면 스트레스도 커진다.

✰ 소셜미디어 방학을 만들자. 핸드폰에 대한 집착이 심할 때 이 방법을 시도하면 좋다.

✰ 24시간 규칙을 적용하자. 폭발력이 강한 글은 온라인에 올리기 전 하루 정도 묵혀 둔다.

✰ 중요한 문제는 얼굴을 마주보고 이야기하자. 최소한 영상 통화라도 하자.

이 전술들을 조합해 소셜미디어의 유혹을 이겨 낼 방법을 찾아보자.

고민 #1

타라는 모바일 메신저(카카오톡 같은)에 빠져 있어. 한번 시작하면 몇 시간씩 친구들에게 메시지를 보내. 한 번도 만난 적 없는 사람들에게도 그렇게 하게 돼. 소외 당하는 걸 두려워하는 증상이 심해지면서 더 이 세계에 빠져들었어. 지난주에는 친구들이 자신만 빼놓고 함께 있는 사진을 올려서 패닉 상태가 됐어. 타라에게 이 사진의 의미는 오직 한 가지였어. '얘들은 나와 친구로 지내고 싶어 하지 않는다.' 세상의 종말이 온 것 같았지. 그 친구들이 나와 절교하기 전에 내가 먼저 절교하기 위해서 모두에게 독설을 담은 메시지를 보내야겠다는 생각까지 했어.

해결책 #1

타라는 이미 부정적인 생각에 빠져 있어. 그리고 친구들이 자기만 빼고 찍은 사진을 올린 이유를 지레짐작하면서 더 큰 상처를 받고 있어. 메신저는 그런 상태를 더 심각하게 만들 뿐이야. 타라는 핸드폰을 손에서 놓기로 결정했어. 그리고 관점을 바꿔야 한다는 조언을 떠올렸어. 친구들이 그 사진을 찍을 때 난 뭘 하고 있었지? 중요한 무언가를 하고 있지는 않았나? 맞아, 축구시합에 나가서 이겼잖아. 타라의 기분이 좋아지기 시작했어!

타라가 이용한 전술은 무엇일까?

A. 전화를 내려놓는다.

B. 자신에게 '아마' 주문을 건다.

C. 직접 마주보고 이야기한다.

답은 A와 B야. 명확하고 간단하지.

고민 #2

로지는 어려서부터 정리정돈을 좋아했어. 방을 깔끔하게 정리하거나 공책을 스티커로 장식하는 데 시간을 많이 들였어. 요즘에는 인스타그램을 하는데, 사람들과 공유할 완벽한 이미지를 만드느라 공을 들이고 있어. 머리를 매만지고, 옷을 차려입고 동영상을 촬영하면 재미는 있지만 피곤하기도 해. '좋아요'를 받으면 기분은 좋은데 언제나 가장 예쁘고, 가장 멋진 나를 보여 줘야 한다는 스트레스가 부담스러워. 그런 노력을 멈추고 싶은 생각도 들지만, 그래서 '좋아요'가 줄어들면 패배자가 되고 친구들에게 버림받을지 모른다는 두려움이 커.

해결책 #2

로지도 부정적인 생각에 빠져 있어. 온라인에서 인기가 줄어들면 인간관계도 끝나 버릴 거라고 생각하고 있지. 로지는 가면을 쓰고 사는 거나 마찬가지야. 소셜미디어 중독은 그 가면을 벗어 버리지 못하게 해. 물론 로지에게 칭찬이 쏟아지지만 사람들은 진심으로 그렇게 생각하고 있을까?

로지는 중독에서 탈출하기 위해 첫걸음을 떼기로 했어. 하루 10개씩 올리던 게시물을 5개로 줄이고, 다음엔 2개로 줄이고, 그다음엔 이틀에 한 개로 줄여서 결국엔 일주일에 한 개도 올리지 않게 됐어. 그런 뒤 핸드폰 없이 일주일 보내기에 도전했어.

로지는 다음 중 어느 전술을 사용한 것일까?

A. 긍정적인 생각

B. 24시간 규칙

C. 소셜미디어 방학

로지는 24시간 동안 핸드폰 내려놓기나 긍정적인 생각하기를 택하지는 않았어. 답은 C. 로지는 소셜미디어 방학을 실행하고 있는 거야.

고민 #3

키키는 친구 다리아와 문자메시지를 자주 주고받아. 지난밤에는 윌로라는 친구에게 화가 나서 다리아에게 문자를 보냈어. 너무 흥분해 있어서 뭐라고 썼는지 잘 기억이 나지도 않아. 휴! 마음속 불만을 쏟아냈더니 시원하기는 해. 물론 다리아에게만 털어놓은 얘기였어. 그런데 다리아는 그냥 넘어갈 수 없는 문제라고 생각해서 몇몇 친구들에게 얘기했고, 그 친구들이 또 몇 명에게 얘기했지. 이제 거의 모든 사람이 그 문자를 보게 됐어. 이렇게 될 줄은 정말 몰랐어. 이제 너무 늦었어. 아마 일주일, 길면 일 년은 집에 틀어박혀 지내야 할 것 같아.

해결책 #3

키키는 이 일을 엎질러진 물이라고 생각해. 해결책이 도저히 보이지 않는다고. 어떤 면에서는 엎질러진 물이 맞지. 일단 소셜미디어에 올리면 무엇이든 퍼져 나갈 수 있어. 하지만 엎질러진 물도 닦아 낼 길이 열리는 법이야. 키키는 우선 엄마와 상의했어. 엄마는 키키에게 한 걸음 물러서서 문제를 보라고 조언했어. 마치 공중에서 지상을 내려다보듯 관점을 바꾸자 직접 마주보고 얘기해야겠다는 생각이 들었어. 용기를 내서 윌로를 찾아갔어. 윌로는 기꺼이 터놓고 얘기하자고 했고 난처한 대화가 이어졌지만 기분은 훨씬 나아졌어.

키키가 사용한 전술은 무엇일까?

A. 열기구에 올라타자

B. 직접 마주보고 얘기하자

C. 24시간 규칙

맞아. 답은 A와 B. 키키는 이 문제를 해결하기 위해 다양한 전술을 사용했고 최적의 전술을 찾아냈어!

핸드폰 때문에 이런 낭패를 겪게 되더라도 자책하지 말자. 많은 소녀들이(많은 성인 여성도) 소셜미디어에 글 올리는 걸 좋아해. 우리 뇌의 회로가 그렇게 돼 있다고 해. 과학자들은 소셜미디어에서 '좋아요'를 얻고 온라인 활동을 할 때 뇌의 쾌락 중추가 활성화된다는 사실을 발견했어. 초콜릿을 먹거나 복권에 당첨됐을 때 활성화되는 부위와 같대.

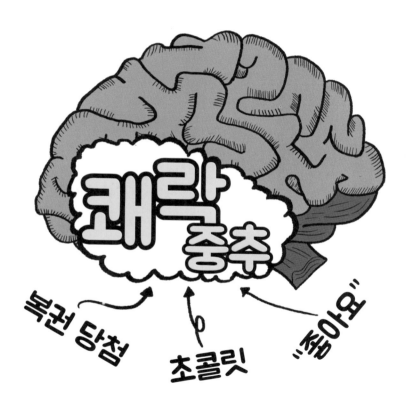

자신감 클로즈업

로빈은 캠프 친구, 팀 동료, 학교 친구들과 온라인 공간에서 자주 만나. 여러 사람과 동시에 이야기할 수 있으니까. 물론 갈등이 일어나지 않기를 바라지만 늘 갈등은 있어. 신랄한 말이나 상처를 주는 얘기가 나오면 누군가 "그냥 농담이야!"라거나 "왜 농담을 심각하게 받아들이니?"라고 말하곤 하지. 그럴 때마다 좋은 판단을 내리기가 힘들어. 분명히 괴롭히고 조롱하는 것 같은데···.

로빈은 무례하거나 불친절하다고 생각되는 말이 나올 때마다 문제를 제기하지만, 대부분의 경우 자신이 과민 반응을 하거나 재미있는 대화를 가로막는 나쁜 사람이 돼 버리고 말아.

얼마 전에는 학교 친구 한 명이 다른 아이의 사진에 나치 문양을 그려서 온라인에 올렸어. 유대인인 로빈은 너무 불쾌했어. 그래서 "야, 사진 내려. 이건 개념 없는 행동이야"라고 지적했어. 로빈은 인종적, 종교적, 성적 욕설은 농담이든 아니든 어떤 상황에서도 적절치 않다고 생각해. 그 친구는 사진을 내리지 않고 버텼고 로빈은 더 강한 행동이 필요하다는 생각이 들었어. 부모님의 도움을 얻어서 그 웹사이트에 공식적으로 문제제기를 했어. 그리고 사진을 올린 친구를 비롯해 자신의 기분을 상하게 한 모든 이들을 차단하고 온라인 친구 관계를 끊었어. 며칠 뒤 그 사진은 사라졌어.

● 사이버 괴롭힘 ●

안타깝게도 사이버 상에서 괴롭힘을 당하거나 목격한 청소년은 95%나 된다고 해. 66%는 그런 행동에 가담한 적이 있고, 10명 중 9명은 목격했지만 그냥 넘어갔다고 하고. 사이버 괴롭힘은 어디에나 있어. 해결책은 무엇일까?

- 때때로 비겁한 말에 대꾸하지 않는 것은 괴롭힘을 차단하는 방법이 된다.
- 상황이 계속 나빠지고 있다면 괴롭히는 아이들에게 그만두라고 분명히 말한다. 그리고 계속 주시하고 있음을 알려 줘야 한다. "네가 하는 짓이 괴롭힘이야"라는 단순한 말도 효과적일 수 있다.
- 증거를 모은다. 온라인에 올라온 비겁한 말과 사진을 보기 싫더라도 지우지 말자. 저장해 두면 필요할 때가 올 것이다.
- 그래도 상황이 나아지지 않으면 부모님이나 선생님에게 도움을 청한다.

소셜미디어를 통해 자신감 쌓기

소셜미디어를 좋은 방향으로 활용하는 방법은 아주 많아. 친구들과 일상을 공유하고, 학교 프로젝트를 함께 진행하고, 협업을 통해 노래를 만들고, 다른 관점을 이해하고, 같은 열정을 품은 이들과 어울리는 데 매우 효과적이야. 긍정적인 측면에 초점을 맞추자!

다음은 온라인 소통의 힘으로 더 나은 세상을 만드는 몇 가지 방법이야.

♦ 도전을 두려워하지 않도록 격려하고 영감을 주는 사람들을 찾아 팔로우하고 교류한다.

♦ 긍정적인 사람, 나와 생각이 비슷한 사람들과 교류한다.

♦ 내가 사는 세계에서 크든 작든 변화를 만들어 내는, 행동하는 사람이 되기 위해 소셜미디어를 활용한다.

소셜미디어를 창의적으로 활용하는 친구들을 찾아봤어.

◊ 한 친구는 아버지와 암 환자들에게 희망을 주려고 펀딩 사이트에서 암 퇴치 캠페인을 벌였다.

◊ 11살 소녀는 아프리카계 미국인 작가들의 책을 알리기 위

해 온라인 북클럽을 만들었다.

◇ 한 중학생들은 정서적 문제로 자해하는 지역사회 아이들을 돕기 위해 채팅 모임을 시작했다.

◇ 한 친구는 청소년들에게 필요한 이야기를 발굴해 공유하려고 온라인 뉴스 매체를 만들었다.

◇ 12살 소녀는 사람들에게 자폐증이 무엇인지 정확히 알려주기 위해 유튜브 동영상을 제작했다. 자폐아인 남동생이 종종 집단 괴롭힘에 시달리기 때문이다.

◇ 10살 소녀는 패션 블로그를 만들어 자신과 친구들이 디자인한 옷을 소개하고 있다.

직접 들어 보았다!

소셜미디어를 활용하는 이유에 대해 친구들에게 들어 보았어.

"우울해지거나 괴롭힘을 당할 때 서로를 격려해 줄 수 있다."

"서로 다른 친구 집단을 여럿 만들어 의지할 수 있다."

"다양한 영웅과 안내자들을 만날 수 있다!"

"혼자라는 생각이 들 때 언제든 나와 비슷한 사람, 공통점이 있는 사람을 찾을 수 있다."

소녀 전문가

걸파워밋업의 홍보대사인 17살 올리비아 트라이스는 소셜미디어 전문가라 해도 과언이 아니야. 올리비아는 소셜미디어를 제대로 알고 올바로 사용해야 한다고 생각해.

"페이스북이든, 인스타그램이든, 트위터든 거기서 무엇을 얻고 싶은지 분명히 알아야 해. 왜 그 활동을 하는지, 어떤 성과를 기대하는지 정해 두어야 하고. 새 친구를 만들고 싶다고? 내가 옳다고 믿는 바를 널리 알리고 싶다고? 그런 일을 도와줄 사람들과 관계를 맺고 싶다고? 소셜미디어마다 특성이 달라서 목적에 맞게 제대로 활용하고 있는지 점검할 필요가 있어."

올리비아는 이렇게 덧붙였어. "소셜미디어가 사실만을 전달하지는 않아. 우리 삶의 질을 항상 높여 주지도 않고. 제대로 활용해야 나를 발전시키고 나를 잘 표현할 수 있어. 완벽한 사람인양 거짓으로 나를 포장해서는 안 돼. 소셜미디어에서는 무엇이든 될 수 있지만, 진정한 나를 드러내기는 힘들어. 진짜 내가 아닌 나를 꾸며 내도록 자꾸 유혹하니까."

올리비아는 자신과 같은 아프리카계 소녀들이 특히 압박을 많이 받는다고 했어. "유색인종 소녀들은 자신을 사랑하는 방법부터 배워야 해. 아니, 우리 모두 그래야 하지. 나 자신을 있는 그대로 사랑할 줄 알아야 해."

직접 들어 보았다!

여러 친구들이 온라인 세계를 항해하는 데 유용한 10가지 전략을 알려 줬어.

"화가 났을 때는 뭔가 전송하기 전에 잠깐 멈춰. 혹은 핸드폰을 감춰 버려. 대신 과자를 먹거나 샤워를 하거나 화를 가라앉히는 데 도움이 되는 일을 하지."

"여행 가서 찍은 사진을 너무 많이 올리지 말자. 한두 장이면 충분해. 남의 자랑을 좋아하는 사람은 없거든."

"친한 친구가 아닌 다른 친구와 함께 시간을 보냈다면 이를 감추려 하지 말자. 그런 거짓말은 곧 들켜. 정직이 최선이야."

"소셜미디어에서 사람들이 나에 대해 왈가왈부하는 것을 통제하는 건 불가능해. 내가 나 스스로에 대해 말하는 내용부터 통제하려 노력한 다음 친구들에게도 그렇게 해 달라고 부탁해야 해!"

"양은 잊고 질만 생각하자! 친구를 많이 만들려고 하지 말고 진정한 친구들과의 관계에 집중하자. 그러면 그 친구들을 믿게 되고 있는 그대로의 나를 보여 줄 수 있어."

"친구들과 나는 학교에서 파티를 하면 출입문 앞에 핸드폰을 놔두고 들어가. 핸드폰을 가지고 놀 때보다 훨씬 알찬 시간을 보낼 수 있거든."

"나는 전송 버튼을 누르기 전에 써 놓은 메시지를 큰 소리로 네 번 읽어 봐. 그럼 내가 쓴 메시지가 다른 사람에게 어떻게 들릴 지 다시 생각할 수 있어."

"메시지는 단어를 많이 담을수록 좋아. '미안'이라고만 하면 진 심을 전달하기 어려워. 대신 '나도 가고 싶은데 우리 강아지를 산책시켜야 돼. 내일은 어때?'라는 식으로 상세하게 적어 봐."

"사진이 첨부된 메시지는 전송 버튼을 누르기 전에 다시 한 번 생각해 보자. 할머니나 내가 싫어하는 친구가 봐도 괜찮을까? 찜 찜하다면 삭제하자! 그 사진이 어떻게 퍼져 나갈지 아무도 모르 는 거라고!"

그리고 무엇보다 "핸드폰이 없는 삶을 즐기자!"

'할머니' 테스트

"얘야, 너 정말로 그걸 전송하려고?"

"안 되겠다. 퍼지면 큰일나겠어…."

행동하는 친구들

사메라 파즈는 몇 년 전 한 가지 아이디어가 떠올랐어. "온라인 공간이나 오프라인 공간에서 다른 여자아이들과 어울리는 건 좋은데 늘 시간이 부족해서 친구를 사귀기가 어려워. 아이들과 어울릴 수 있고, 편견 없이 서로를 알아 갈 수 있는 공간을 만들고 싶어." 그래서 걸파워밋업 캠페인을 시작했어. 또래 소녀들이 모여 우정을 쌓고 사회 변화에 대처하고 세상을 바라보는 안목을 넓히는 자리라고 할 수 있지. 사메라는 스스로를 '외롭고, 어리고, 중요하지 않은 사람'이라고 생각하고 있었어.

사메라는 걸파워밋업을 인스타그램에서 시작하기로 결정했어. 사진과 메시지로 소녀들의 흥미를 유발하고, 그렇게 형성된 커뮤니티를 확장해 새로운 우정을 쌓기에 이상적인 공간이라고 생각했거든. 하지만 걸파워밋업의 핵심은 한 달에 한 번씩 직접 얼굴을 맞대고 만나는 오프라인 모임에 있지. 자기 자신을 사랑하기, 몸에 대한 긍정적 이미지 쌓기, 마음건강 같은 주제를 정해 편견 없이 솔직한 대화를 나누는 거야. 사메라는

"인생, 학교, 관계, 미래는 그 자체로 충분히 어려운 문제야. 사람들이 그런 문제에 대해 서로 얘기하고 들어줄 수 있는 공간을 만들고 싶었어"라고 말했어. 걸파워밋업 회원들은 사회 활동에도 참여하고 있어. 여성과 노숙자를 위한 보호소에서 봉사 활동을 하고 경찰의 과잉진압에 맞서 시위도 벌이지.

사메라는 홍보대사들과 함께 자발적으로 이런 일들을 하고 있어. 걸파워밋업을 위해 용돈을 모으기도 해. 지역사회 활동이 가치 있는 일이라 믿고, 소녀들이 강한 여성으로 성장할 수 있도록 돕고 싶기 때문이야.

자신감 상승 공식

5장부터 7장의 내용을 종합한 자신감 공식은 '생각 줄이기'야.

1. 위험을 감수하자!

2. 생각을 줄이자!

3. _____?_____

'위험 감수'는 행동에 나서라는 메시지고, '생각 줄이기'는 복잡한 머리를 비우고 집착을 털어 버리는 걸 말해. 좀 우습게 들릴 수도 있겠지('선생님이나 부모님은 생각을 더 많이 하라고 하던데'라고 의아해할지도 모르겠어). 하지만 우리가 하는 생각과 고민은 하지 않는 게 더 나은 경우가 많아. 그리고 생각과 고민을 줄여야 친구와 소셜미디어 같은 여러 가지 문제를 자신감 있게 다룰 수 있어.

나한테 잘해야
자신감이 쌓인다

이마니, 자신의 힘을 발견하다(1편)

다음 편에 계속

제8장
소녀, 완벽주의와 이별하다

완벽주의 따위 밟아 버려!

01 마니와 비슷한 상황을 경험했던 적 있어? 우리 인생에는 해야 할 일이 너무 많아.

✔ 좋은 성적 받기

✔ 방 깨끗하게 정리하기

✔ 운동 열심히 하기

✔ 드라마, 토론, 수학 클럽 같은 과외 활동에서 두각을 보이기

✔ 부모님 말씀 잘 듣기

✔ 소셜미디어에서 멋지게 보이기

✔ 온라인 친구 많이 만들기

✔ 숙제하기

✔ 심부름을 해서 용돈 모으기

_____ (나만의 과제를 적어 보자.)

리스트는 끝없이 이어지지.

이 리스트만 정복하면 인생이 완벽해질 것 같아.

그러고 나면 마침내 편안한 휴식이 찾아올 것 같고. 그럴까? 정말?

틀렸어.

완벽해진다는 건 문자 그대로 불가능해. 인간 자체가 완벽하지 않거든. 우리는 그렇게 만들어지지 않았어.

만약 목표가 완벽해지는 것이라면, 결코 그 목표에 도착할 수 없을 거야.

자기 그림자를 쫓아다니는 고양이처럼 절대로 손에 넣을 수 없는 것을 쫓게 되는 거지.

완벽주의:

사전에 적혀 있는 의미는 무시해 버려. 우리는 완벽주의를 이렇게 정의할 거야.

"아주 위험한 질병. 끝없이 뻗어 나가는 덩굴식물처럼 우리 삶에 침투해 마주치는 모든 것을 옭아맨다. 우리를 스트레스로 지치게 만들고 위험을 감수하지 못하도록 가로막는다. 우리가 진솔한 모습을 드러내지 못하게 한다는 점이 가장 치명적이다."

완벽주의 진단하기

완벽주의에 맞서려면 완벽주의의 실체부터 제대로 파악해야 해.

퀴즈

아래 사례를 살펴보고 누가 완벽주의의 늪에 빠졌는지 판단해 보자.

A. 타라는 중학교 1학년 때 '올해의 학생' 상을 탔다. 하지만 타라는 즐겁지 않았다. 오빠는 매년 그 상을 받았기 때문이다. 타라는 올해 상을 받지 못했다. 내년에도 상을 타지 못할까 봐 벌써부터 걱정이 된다.

B. 라시다는 빵을 아주 잘 굽는다. 가족 행사에 직접 만든 케이크와 패스트리를 만들어 내놓으면 다들 칭찬을 쏟아낸다. 하지

만 케이크에 꽃과 소용돌이 장식을 할 때마다 작은 실수를 저질러서 늘 신경이 쓰인다. 삼촌이 결혼식 케이크를 만들어 달라고 부탁하는데 케이크를 망칠까 봐 선뜻 하겠다는 말이 나오지 않는다.

C. 앤드리아는 운동량을 늘리고 싶다. 매일 아침 등교 전에 달리기를 하고 매일 오후 동네 수영장에서 수영을 하는 야심 찬 계획을 세운다. 일주일 동안 완벽하게 실천했는데 그다음부터 어긋나기 시작한다. 어느 날 아침 늦잠을 자는 통에 달리기를 하지 못한다. 이어 방과 후 치과에 가느라 수영장에 가지 못한다. 앤드리아는 자신의 계획이 비현실적이었고 실행가능한 계획이 필요하다는 사실을 깨닫는다. 일주일에 세 번만 운동을 해도 충분하다.

D. 모라는 축소 모형 만들기 과제를 몇 주째 하고 있다. 그동안 만들었던 모형으로 늘 칭찬을 받았던 터라 이번에도 완벽해야 한다. 결국 마감일 전날 밤까지 모형을 만들고 설명서를 출력해 부랴부랴 마무리 작업을 했다. 그러다 실수로 모형에 풀을 쏟고, 가까스로 긁어냈다. 결국 기진맥진했고 마음에 들지 않는 과제물을 제출해야 했다.

● 정답

정답은 A, B, D야. 이 세 경우는 완벽주의의 각기 다른 얼굴을 보여 주고 있어. A는 성공하고도 기뻐하지 못하는 완벽주의의 전형적인 모습이야. B에서 완벽주의는 하고 싶은 일인데도 위험을 감수하지 못하게 가로막지. D는 완벽주의의 또 다른 모습인 미루기야. 모라는 결코 찾아오지 않을 완벽한 때를 기다리느라 과제를 망치고 말았어. C에서 앤드리아는 유연성을 보여 줬어. 완벽주의적인 엄격한 목표를 세우고 시작하지만 더 합리적인 목표로 수정하는 유연성을 발휘한 거지.

● 소녀와 완벽주의: 간단한 흐름도 ●

아주 어린 나이부터 여성의 뇌에는 확실한 강점이 나타나.
남의 말을 경청하고, 들은 말을 행동에 옮기고, 열심히 노력하는 것이 여성의 강점이야.

↓

어른들은 그런 태도를 좋아해서 칭찬을 하고.

↓

소녀는 그 칭찬을 받기 위해(칭찬을 싫어하는 사람은 없다) 늘 더 노력해.

↓

그러다 보니 완벽주의를 추구하며 남의 마음에 들기 위해 애쓰는 사람이 탄생하는 거지.

소년들은 어때?

소년들은 걸핏하면 일을 그르쳐.

↓

하지만… 그러면서 실패와 위험이 그리 큰일이 아님을 배워.

↓

그렇게 자신감이 생겨나고.

끝. (우리가 변하지 않으면 이런 상황이 끝없이 반복될 거야.)

퀴즈

여러분도 완벽주의에 중독돼 있는 것 같아? 다음 시나리오에 각각 '예' 또는 '아니오'를 표시해 보자. 다 적은 뒤에 살펴보는 것도 잊지 마.

✮ 방금 방을 정리했다. 그런데 새 베개가 어울리지 않는 것 같고, 벽에 붙인 포스터는 우스꽝스러워 보인다. 당최 다른 일에 집중이 안 된다. 방이 '올바르게' 정리되기 전까지는 계속 신경이 쓰일 것이다.   예 ☐ 아니오 ☐

✮ 과학 시험에서 높은 점수(92점!)를 받았다. 기쁨은 잠시였다. 레나가 98점이란 사실을 알게 된 거다. 갑자기 패배자가 된 기분이다.   예 ☐ 아니오 ☐

✮ 인스타그램의 '좋아요' 개수를 확인한다. 20개나 늘었다! 하지만 다른 사람들이 여전히 나보다 훨씬 많은 '좋아요'를 받았다. 앞으로 더 고퀄의 사진을 올려야겠다고 결심한다.
  예 ☐ 아니오 ☐

✮ 뮤지컬 공연에서 독창이 있는 배역을 맡았다. 하지만 더 큰 배역을 맡은 사람들이 있어 기분이 별로 좋지 않다.
  예 ☐ 아니오 ☐

✮ 해 보고 싶은 일이 많다. 하지만 잘할 수 없을 것 같고 위험을 감수하기가 두렵다. 그래서 결국 아무것도 하지 않는다.
  예 ☐ 아니오 ☐

✮ 불쑥 내뱉은 멍청한 말, 했어야 하는데 못한 일, 내가 저지

른 사소한 실수들이 끊임없이 머릿속을 맴돌며 떠나지 않는다. 예 ☐ 아니오 ☐

☆ 일을 잘 처리해 놓고도 내가 사람들을 속이는 사기꾼 같다는 생각이 든다. 예 ☐ 아니오 ☐

☆ 점심시간에 마음에 드는 친구들과 함께 앉지 못하면 하루 종일 짜증이 난다. 예 ☐ 아니오 ☐

☆ 새로 전학 온 남학생에게 말을 걸고 싶은데 내가 하려는 이야기가 지루할 것 같다는 생각이 든다. 적당한 얘기가 떠오를 때까지 그 친구를 피해 다닌다. 예 ☐ 아니오 ☐

☆ 스스로를 끊임없이 다른 친구들과 비교하며 비참한 기분을 느낀다. 예 ☐ 아니오 ☐

'예'는 몇 개야?

● **정답**

1~4개: 나쁘지 않다! 매사에 잘하고 싶어 하지만 완벽주의에 감염되지는 않았어. 스스로를 칭찬해 주어도 좋아.

5~7개: 음… 완벽주의의 흔적이 보여. 잘하려고 노력하는 건 좋은데 뭐든 다 잘해야 한다고 생각하는 함정에 빠지지 않도록 조심하는 게 좋겠어. 너무 늦기 전에 균형을 찾도록!

8~10개: 위험, 위험! 완벽주의 경보! 오싹한 기분이 들지 않아? 답안의 '예' 가운데 5개는 쓰레기통에 버려야 해. 완벽하지 않다고 큰일나지 않아. 그럭저럭 잘하기만 해도 충분하고 오히려 더 강해질 수 있어.

완벽하지 않은 완벽주의

인터뷰한 친구들 가운데 대부분은 완벽주의가 심각한 문제임을 깨닫지 못하고 있었어.

직접 들어 보았다!

완벽주의를 이렇게 오해하는 친구들이 많았어.

"완벽하면 좋은 거 아냐? 그래야 성공할 수 있잖아."

"야망이 크다는 뜻 아닐까?"

"완벽하면 주변 사람들이 좋아하잖아."

"완벽을 추구한다는 건 열심히 노력한다는 거 아냐?"

모두 틀렸어.

완벽주의는 성공의 열쇠가 아니야. 실제로 어떤 것을 위한 열쇠도 아니야. 우리가 앞서 얘기한 모든 잘못된 사고방식이 한데 뒤섞인 비빔밥이 완벽주의야.

따져 보자.

♦ 완벽은 말 그대로 불가능한 기준이야.

♦ 완벽을 추구하면 곧 지쳐 버리기 때문에 즐거움을 잃어버려.

♦ 잘못된 목표를 위해 노력하게 돼. (완벽주의는 대개 사람들의 마음에 들기 위한 노력을 하게 만드는데, 이건 또 하나의 질병이야.)

♦ 그리고 무엇보다 완벽주의자는 자신감을 쌓을 수 없어.

왜냐하면,

뭐든 완벽하게 해내려고 하면,

절대로

절대로

절대로

절대로 절대로 절대로 절대로 절대로 절대로 절대로 절대로

절대로 절대로

절대로 절대로 절대로 절대로

실패하지 않으려고 하거든.

실패를 떠올리기만 해도 기겁을 할 거야.

앞에서 얘기했듯이 실패를 두려워하면 위험을 감수하지 못하거나 행동하지 않게 돼. 그렇게 되면 자신감을 쌓을 수 없어. '이마니, 자신의 힘을 발견하다(1편)'를 다시 들춰 볼까? 최고가 되려는 생각이 이마니를 압도해서 아무것도 할 수 없게 만들었잖아.

소녀 전문가

로리 린지는 프로축구 선수인데, 미국 국가대표팀에 발탁돼 2012년 올림픽에 출전했고 월드컵에서도 활약했어. 로리는 완벽주의가 문제만 안겨 줬다고 말하지. "더 어렸을 때 긴장을 떨쳐 내는 방법을 터득했다면 좋았겠지만 나는 너무 생각이 많았어. 매순간 완벽해지기 위해 애를 썼지. 경기장에서 실수를 하지 않으려고 긴장하다 보니 경기 흐름을 놓치기 일쑤였고 축구가 재미있지도 않았어. 당연히 최고의 플레이를 보여 주지도 못했지. 나를 내려놓고 자유롭게 뛰어다니자 경기의 흐름이 읽혔어. 무엇을 하든 스스로에게 물어야 해. 왜 하는지. 정말 얻고 싶은 게 무엇인지. 그러면 해답이 보일 거야."

완벽주의 치료법

완벽해지려고 하거나 남들의 칭찬을 받으려 하지 말고 목표를 기억하자. 자신에게 이런 질문을 던져 보자. "나는 누구를 위해 이 일을 하고 있지?" "나는 이 일을 왜 하는 거지?" 소녀들도, 성인 여성들도 자신이 아닌 남의 마음에 들어야 한다고 생각하는 질병에 걸리기 쉬워. (EQ가 높아서 그렇지.) 남들의 기대에 지나치게 집착하거나 무언가를 반드시 해야 한다고 자신에게 끊임없이 채찍질하고 있다면, 이미 경고음이 울렸다고 봐야 해. 자신의 목표를 생각하고, 그 목표가 내면으로부터 나왔는지 곱씹어 보자.

결승선을 바꾸자. 목표가 뭐지? 무언가를 완벽하게 해내거나 완벽한 사람이 되려는 것이 목표라면 목표를 당장 바꿔야 해. 도달하려는 결승선(축구대회 우승, 전교 1등, 팔로워 수 1위 등등)을 다시 돌아보자. 결승선이 현실적이라고 생각해? 정말 내가 원하는 거야? 아니라면 다른 합리적인 목표를 설정하자.

최선을 다했다면 충분하다. 최고일 필요는 없어. 내가 할 수 있는 한 최선을 다했다면 충분해. 완벽해야 하고 남들 눈에 보기 좋아야 한다는 생각을 버리자. 시간은 소중하니까. 내가 할 수 있는 만큼 하고 다음 단계로 넘어가야 해. 인생을 살다 보면 최고보다 최선이 더 좋은 접근법이라는 걸 알게 될 거야. 증거가 필요하다고? 통계가 몇 가지 있지. 성인 여성은 직장을 구하거나 승진을 해야 할 때 필요한 기술을 완벽하게 습득했다고 느끼지 않으면 도전하지 않는 경향이 있어. 남성은 필요한 관련 기술의 60%만 갖추고 있어도 도전하고. 결과는? 준비가 덜 된 남성이 그 자리를 차지하고 마는 거지. 그 정도면 충분하다고 생각해 밀고 나가기 때문이야.

부모님과 대화한다. 어른들은 성적, 학교활동, 외모 등에 대해 압박을 주는 경우가 많아. 아이들에게 완벽을 기대하는 거지. 부모님의 비현실적인 기대 때문에 스트레스를 받고 있다면 솔직하게 털어놓자.

체크리스트를 다시 만든다. 앞에서 등장했던 체크리스트 기억해? 체크리스트에 갇히거나 완벽주의에 연연해서는 안 돼. 그보다는 지금 내가 하고 있거나 앞으로 하고 싶은 가장 멋진 일로 체크리스트를 채워 보는 거야. 실패했든 성공했든 일단 한번 시도해 보았던 일들을 정리해도 좋아. 이제껏 완벽주의로 인해 불확실성, 모험으로 연결되는 문이 닫혀 있었다면 과감히 열어젖히자!

현재에 초점을 맞춘다. 완벽주의는 이미 일어난 일 혹은 아직 일어나지 않은 일에 집착하게 만들어. 혹시 '내가 예전에 잘못한 일'이나 '앞으로 마무리 지어야 할 일'에 신경 쓰느라 시간을 허비하고 있지는 않니? 그렇다면 오늘, 지금에 초점을 맞추자. 그래야 자신감을 쌓고 일상의 즐거움을 찾을 수 있어.

완벽주의를 물리치는 표현

머릿속에 완벽주의와 연관된 표현이 떠오르면 이렇게 해 보자. 예를 들어 "나 ~해야 하는데"라는 생각이 들면, "대체 왜?"라고 반문하는 거야. "완벽하게 해야 해"는 "이 정도면 충분해"로, "난 이거 잘 못하는데"는 "시도나 해 보지 뭐"로, "반드시 이겨야 해"나 "반드시 1등을 해야 해"는 "과정을 즐기고 재미를 찾자"로 바꿔 보자.

자신감 클로즈업

11살 페이스는 숙제 생각만 하면 가슴이 답답해져. 마지막까지 미루고 미루다 상황을 악화시키기 일쑤야. 미루다 보면 숙제를 하기에 완벽한 타이밍, 즉 배고프지도 않고 짜증 나지도 않고 아프지도 않고 동생이 떠들지도 않는 때가 올 것만 같아. 그때 시작하면 최고의 결과물이 나올 것 같지. 그때까지 기다리는 거야.

어느 날 과학시간에 감자를 건전지로 쓰는 시계 만들기 숙제를 받았어. 친구들이 만든 시계와 자신이 만든 시계가 비교될까 봐 걱정이 되기 시작됐어. 창피를 당하고 싶지 않아서 이번에도 또 미루기 시작했지. 완벽한 해결책이 떠오를 때까지. 그러다 마감 시간이 코앞에 닥쳤어. 이제 정말 시작해야 해. "별일 아니야, 별일 아니야." 페이스는 스스로를 다독거렸어. 엄마와 이야기를 나누다 보니 사실은 감자가 정말로 건전지 역할을 할 수 있는지 자신이 무척 궁금해한다는 사실을 깨달았어. 시계는 완벽하지 않아도 돼. 그냥 최선을 다하면 되는 거야. 페이스가 완성한 시계는 최고는 아니었지만 충분히 괜찮았어. 스스로도 만족스러웠고!

거울아 거울아

완벽주의가 외모와 연관이 되면 자신감을 갉아먹는 독이 될 수 있어. 어디를 돌아봐도 완벽한 몸매에 완벽한 헤어스타일, 완벽한 복장을 갖춘 사람들만 보인다고? 외모를 완벽하게 가꿔야 한다는 강박은 누구에게나 생길 수 있어. 그런 압박을 이겨 내는 건 쉽지 않아. 다음은 외모에 대한 스트레스를 이겨 낼 수 있는 방법이야.

방법 1: 절대 혼자가 아니라는 사실을 기억하자!

10대 소녀들 중 92%는 자신의 외모에 만족하지 못하고 무언가를 바꾸고 싶어 해. 10명 중 9명의 소녀는 패션업계나 언론에서 강조하는 마른 몸매 때문에 스트레스를 받고. 미국 소녀들중 53%는 13세 정도부터 자신의 몸에 불만족하기 시작한다고해. 17세에 이르면 78%로 치솟지. 소녀 10명 중 8명은 외모에대한 자신감을 잃으면 운동이나 학교 활동, 친구들과의 교류를중단한다고 했어. 소녀 10명 중 7명은 외모가 마음에 들지 않을 때 스스로의 의견을 내세우거나 강하게 주장하지 못한다고답했어.

방법 2: 내 모습을 찬찬히 살펴보자!

다시 한번 관습을 비판적 시각으로 살펴볼 차례야. 언론과 대중문화의 영향으로 자기 외모에 불만을 품는 여성들이 늘어나고 있어. 나만의 문제도 아니고 나만의 책임도 아니야. 인터넷이나 잡지에 등장하는 한껏 꾸민 여성들은 현실 속 여성들의 모습이 아니야. 그런데 이런 '가짜 이미지'가 어디에나 존재한다는 게 문제야. 연예인이든 모델이든 혹은 소셜미디어를 하는 일반인이든, 엄청난 시간과 노력, 돈을 들여 사진을 촬영하지. 그런 뒤 단점을 가리기 위해 포토샵으로 보정을 하고. 요즘 소녀 10명 중 7명은 언론이 만들어 낸 미의 기준이 비현실적이고 부당하다고 인식하고 있어. 수많은 소녀들과 여성들이 변화를 요구하기 시작했어. 그 예로 포토샵 보정을 거부하는 '노 포토샵 캠페인'이 확산되고 있어.

꿀팁!

본받고 싶은 롤모델의 사진을 핸드폰에 저장해 놓고 외모에 집착하게 될 때마다 꺼내 보는 거야. 사진이 보정을 했거나 억지스럽게 꾸민 듯 보이는지, 아니면 활동하는 여성의 이미지나 강력한 힘을 발산하고 있는지 살펴보자.

◊ 있는 그대로의 자신을 자연스럽게 드러내는 여성들, 활동하는 여성들(뛰고 있거나, 무언가를 만들고 있거나, 집필을 하고 있거나)을 찾아보자.

◇ 나의 가치관, 앞으로 내가 가고자 하는 방향과 맞는 인물들
   을 찾아보자.
◇ 두꺼운 화장, 방금 미용실에 다녀온 듯한 머리, 화려한 옷차
   림에 가려지지 않은 자연스러워 보이는 인물들을 찾아보자.
◇ 롤모델이 반드시 유명인이어야 할 필요는 없어. 일상 속에
   서도 충분히 발견할 수 있으니까.

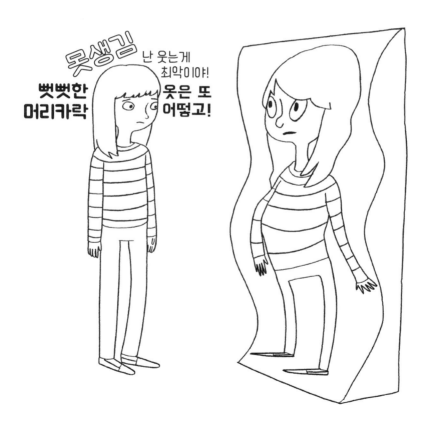

방법 3: 다른 친구들을 대하듯 나 자신을 대하자!

82%에 달하는 소녀들은, 어떤 여성이나 나름의 아름다움을 갖추고 있다고 대답했어. 그러니 그 시선으로 나를 바라보자. 그리고 명심하자. 완벽한 외모란 있을 수 없어. 사람은 각자 개성이 있고, 그래서 모두 아름다운 거야.

방법 4: 가만히 있지 말고 행동하자!

외모에 지나치게 집착하는 것은 활동적인 삶과 거리가 멀고 시간 낭비에 불과해. 생각해 봐. 외모에 집착하거나 걱정한다고 해서 세상이 변하지도 않고 삶이 좋아지지도 않아. 오히려 새로운 일에 도전하려는 의지를 약하게 만들고 다른 곳에 고루 분산되어야 할 집중력을 갉아먹지. 즉, 자신감이 만들어지지 않는다는 뜻이야. 내가 어떤 사람인지, 무슨 일을 하는지가 외모보다 훨씬 중요해. 기억해. 자신감 있는 소녀들은 외모보다 행동을 중요하게 생각한다는 걸.

행동하는 친구들

글로리아 루카스는 10살이 됐을 무렵 자신의 몸이 마음에 들지 않기 시작했어. 부모님은 멕시코에서 캘리포니아 주로 이주한 이민자들이었어. 글로리아는 대다수 유색인종 소녀들이 경험하는 '미국의 이상적 소녀상'과의 갈등을 겪고 있었던 거야. "하루는 엄마가 갈색 바비 인형을 사 왔어. 나는 하얀 인형으로 바꿔 달라고 떼를 썼어." 이어 거식증이 생겼고 도움을 청하기까지 오랜 시간이 걸렸지. "주변에 거식증에 대해 이야기하는 사람은 한 명도 보지 못했어. 내가 사는 동네에서는 아무도 그런 것에 대해서 이야기하지 않았거든."

글로리아는 수년간의 노력 끝에 스스로 거식증을 극복했어. 그리고 고등학교를 졸업한 뒤 깨달았어. 누군가를 구원하는 손길이 되어 다른 이를 돕고 싶다는 걸 깨달은 거지. 그래서 소녀들이 자신의 외모나 몸에 대해 긍정적으로 생각할 수 있도록 돕고 롤모델을 제시하고 어려움을 이겨 낼 수 있도록 독려하는 단체를 만들었어. "내 문화, 내 뿌리와 연결되어 있을 때 진정한 힘이 생긴다는 사실을 알려 주고 싶었어. 나는 그렇게 나 자신을 치유할 수 있었고, 다른 소녀들에게도 그런 기회를 주고 싶었어."

글로리아는 자신의 고통스러웠던 경험을 추진력 삼아 긍정적인 변화를 일으키고 있어. "우리의 외모는 태어나기 전부터 DNA에 의해 결정되는 거야. 우리 힘으로 바꿀 수도 바꿀 필요도 없어. 피부색이나 사이즈와 상관없이 우리 몸은 그 자체로 선물이야. 그래서 소중하게 여겨야 해. 우리 몸은 우리를 담고 있으니까."

제 9 장
있는 그대로의 진짜 내 모습 만나기

있는 그대로의 나 자신을 받아들이는 것. 그것이 자신감을 만드는 필수 요소야. 그런데 과연 있는 그대로의 나는 누구일까? 답이 명확하게 보일 때도 있고 퍼즐 조각을 맞추듯 복잡할 때도 있어.

자신감 워밍업

한번 고민해 보자. 나는 정말로 스포츠를 좋아하는 걸까. 아니면 친구들 혹은 부모님에게 떠밀려서 하고 있는 걸까. 코딩을 별로 좋아하지 않는데 선생님 마음에 들기 위해 좋아하는 척하고 있는 건 아닐까? 아니면 시를 쓸 때는 시간 가는 줄 모를 만큼 푹 빠져드는데 성적과 별 상관이 없으니 점점 멀리하고 있을 수도 있어. 다른 사람들에게 신경 쓰느라 정작 내가 좋아하는 일은 못하고 있는지도 몰라. 만약 그렇더라도 크게 걱정할 필요는 없어. 청소년기에는 누구나 감정 기복이 심하고 부모님과 갈등도 많이 생기고 호기심도 왕성하니까. 내가 누구인지, 내가 진짜 원하는 것이 무엇인지 본격적으로 탐구하고 알아 가는 나이지.

**다른 사람의 목소리가 아닌 '나 자신의 목소리'에
귀 기울이면 어느새 자신감이 차오를 거야.**

자신감 클로즈업

셀린은 새 학교로 전학을 왔어. 마음에 맞는 친구들을 사귀고 싶고 학교에서 인기 있는 아이가 되고 싶다는 생각에 조바심이 났어. 셀린의 부모님은 인도 출신이야. 그래서 셀린은 다른 아이들과 외모가 조금 다르고 어울리기 힘든 때가 있었어. 셀린은 소셜미디어에서 가장 팔로워가 많은 소녀들의 무리를 선택했어. 그만큼 주목을 받고 영향력이 크다는 말일 테니까. 이 소녀들은 학교에서 가장 좋은 위치에 있는 사물함, 학교식당에서 가장 좋은 테이블을 당연하다는 듯 양보 받지. 다른 아이들도 이들이 멋지다고 생각하는 것 같아. 이들 무리에 끼게 되면 셀린도 덩달아 인기가 많아질 거야.

그런데 문제는 이 소녀들이 너무 재미가 없다는 거야. 만나면 각자 핸드폰을 들여다보고 셀카 찍는 것 말고는 아무것도 하지 않거든. 그렇지만 학교에서 가장 인기가 좋은 아이들인데 누가 뭐라고 할 수 있겠어? 셀린은 새 친구를 만드는 지름길을 찾았다며 좋아했지. 그런데 실상은 정반대였어. 셀린이 찾은 길은 있는 그대로의 자신으로부터 점점 멀어지는 길이었던 거야. 새 친구들은 셀린의 관심사를 들으면 도저히 이해할 수 없다는 듯 눈을 굴릴 뿐이야. 그래서 그 아이들에게 말하지 않고 몰래 다른 활동에 참여하기 시작했어. 수학 동아리 아이들과 함께 있으면 정말 즐거워. 수학 문제를 풀고 악을 쓰며 정답을 외치는 일이 이렇게 재미있을 줄 몰랐어. 연극반도 마음에 들어. 관심사가 같은 아이들과 함께 있으니까 너무 행복해. 그러다 인기 있는 소녀들과 소원해지기 시작했어. 어느 날 점심시간에 연극반 아이들과 밥을 먹었더니 인기 있는 소녀 무리가 셀린과 더 이상 말도 섞지 않고 소셜미디어에서 차단해 버렸어. 그래도 별로 신경이 쓰이지 않았어. 드디어 '자신감 있는 진짜 내 모습'을 찾았기 때문이야.

사실 셸린처럼 해결책을 찾는 게 쉽지는 않지. 부모님, 선생님, 친구들뿐 아니라 TV, 잡지, 영화, 유튜브, 소셜미디어라는 온갖 방향에서 나에 대한 기대와 요구가 쏟아지기 때문이야. 특히 남과 나의 '차이'에 민감한 청소년기에는 자신의 정체성에 대한 압박과 부담이 클 수밖에 없지. 내가 아닌 남이 바라는 대로 행동하고 말하고 옷을 입으면 얼마 못 가 진이 빠질 수밖에 없어. 자신감이 고갈되어 버리는 거지. "자신의 진짜 모습을 찾아야 한다. 내 모습이 아닌 다른 모습은 이미 남들이 차지하고 있기 때문이다." 누가 한 말인지는 모르지만 대단히 현명한 사람일 거야.

스스로를 찾는 과정

자신의 진짜 모습을 찾고 싶을 때는 '가치'라는 렌즈를 통해 스스로를 들여다보면 돼. 가치는 어둠을 밝히는 등대 같은 거야. 인생의 결정적 방향을 정하는 데 큰 역할을 하는 신념이지. 그리고 이 가치는 내 행동으로 드러나게 되어 있어. 그리고 드러나야만 해. 예를 들어 내가 '나눔'을 중요하게 여기는 사람이라고 생각한다면 친구들, 형제들, 이웃들과 가진 것을 나누는 데 시간과 노력을 들일 거야. 그것이 나의 정체성이기 때문이지.

사람마다 중요하게 여기는 가치가 다 다르기 때문에 여기에 모두 쓸 수는 없어. 일단 다음 리스트를 보고 자신에게 영감을 불러일으키는 가치가 있는지 알아보자.

정직

온정

감사

가족

결단

지혜

사랑

용기

창의력

낙천적인 태도

진짜 강점

자신의 진짜 강점을 파악하는 것도 정체성을 찾는 데 도움이 될 거야. 능력이 진짜 강점으로 자리 잡으려면 세 가지 조건이 필요해.

◊ 특정 활동에 매우 뛰어나거나 꽤 높은 수준의 기술을 보유

해야 해.

◊ 특정 활동에 자발적인 열의가 있어야 해. 즉, 누가 시켜서 하고 있다면 강점이 아니야.

◊ 특정 활동에서 즐거움을 느껴야 해. 즉, 시간이 가는 줄 몰랐다는 느낌이 들어야 하지.

그렇다면 나만의 강점은 어떻게 알아낼 수 있을까? 수학, 뜨개질, 혹은 드리블처럼 배워서 잘하게 되는 활동이 있을 수 있고, 유머감각, 호기심, 방향감각, 달리기 실력처럼 타고난 재능이 있을 수도 있어. 무엇이 되었든 열정과 즐거움을 잊어서는 안 돼! (너와 관심사와 열정이 조화를 이루면 시간의 흐름을 인지하지 못하는 마법이 일어나. 어떤 과학자는 이것을 행복이라고 정의했어.)

예를 들면 케이시는 수학 천재야. 그렇지만 수학이 제일 재미있지는 않아. 사람들의 이야기를 들을 때 훨씬 재미있고 몰입이 되지. 사람들의 이야기에 공감하고 교감하는 능력이 케이시의 강점인 거야. 사람마다 강점이 다 다르기 때문에 일일이 열거할 수는 없지만 이 중에 나만의 강점이 있을 수도 있어.

나는 숫자에 강하다

나는 유머감각이 뛰어나다

나는 운동을 잘한다

나는 빠르다

나는 남의 이야기를 잘 듣는다

나는 독서를 많이 한다

나는 미술을 잘한다

나는 공감능력이 뛰어나다

나는 좋은 리더다

나는 악기를 잘 다룬다

꿀팁!

자신의 강점을 파악하려면 몇 가지 고민이 필요해. 하고 있으면 기분이 좋아지는 활동이 무엇일까? 에너지가 샘솟는 활동은 무엇일까? 행복해지는 활동은? 누가 시키지 않아도 스스로 찾아서 하는 활동은? 가장 신경이 쓰이는 사회 문제는 무엇일까? 나를 들뜨고 신나게 만드는 활동은 무엇일까? 시간 가는 줄 모르고 몰두하면서도 죄책감을 느끼지 않는 활동은 무엇일까?

강점과 가치의 연관관계

강점과 가치 사이에 연관관계가 발견된다면 멋진 일이야! 자신감이 몇 배로 올라갈 수 있지. 케이시가 중요하게 생각하는 가치는 가족이야. 특히 예전에 함께 살았던 할아버지 할머니가 중요해. 할아버지 할머니는 지금 요양원에 계시는데 케이시는 요양원에 자주 가서 함께 보드게임도 하고 책도 읽어 드리고 있어. 케이시가 중요하게 생각하는 가치인 가족에 케이시만의 강점인 공감능력이 더해져 케이시의 정체성이 완성된 거야.

자신감 워밍업

자신감 공책을 꺼내 페이지 한가운데 세로줄을 긋자. 왼쪽에는 다음 질문에 대한 답을 적고 오른쪽에는 가장 중요하게 생각하는 5가지 가치를 적어 보자. 일정한 패턴이 있어? 연관관계는? 다음은 빌리가 자신감 공책에 적은 내용이야.

나만의 강점

하고 있으면 기분이 좋아지는 활동은?

- 뜨개질

에너지가 샘솟는 활동은?

- 혼자만의 시간을 통해 재충전하기

행복한 느낌을 주는 활동은?

- 크로스워드 퍼즐 풀기

누가 시키지 않아도 스스로 찾아서 하는 활동은?

– 정치나 사회 기사 찾아서 읽기

가장 신경이 쓰이는 사회 문제는?

특정인이나 특정계층에 대한 차별

나를 들뜨고 신나게 만드는 활동은?

– 문제에 대한 해결책 찾기

시간 가는 줄 모르고 몰두하는 활동은?

– 뜨개질, 독서, 뉴스 시청

내가 중요하게 생각하는 가치

지혜

온정

창의력

용기

낙천적인 태도

빌리는 공책에 적은 내용 사이에 연관관계가 있다는 걸 발견했어. 빌리는 지혜를 중요하게 생각하고 정치와 문제해결에 관심이 많아. 당연히 토론 팀에 관심이 생길 수밖에 없지. 또한 창의력을 중요하게 여기니 뜨개질을 좋아하는 것도 이해가 가고. 앞으로는 뜨개바늘을 들고 혼자만의 시간을 보낸다고 해서 죄책감을 느낄 필요가 없겠다는 생각이 들었어.

　내가 뭘 좋아하는지 나에게 무엇이 중요한지 찬찬히 고민해 볼 필요가 있어. 지금은 몇 가지 떠오르지 않을 수도 있지만 시간이 지나면서 리스트가 길어질 거야. 있는 그대로의 나를 찾고 그 모습에 따라 행동하면 다른 사람이 바라는 일이 아니라 내 스스로 의미 있다고 믿는 일을 하는 데 시간을 더 투자하게 될 거야.

나는 누구인가?

자신감 클로즈업

포피는 늘 자신이 스포츠에는 관심이 없다고 생각했어. 축구, 배구 모두
시도해 보았지만 팀 스포츠는 자신과 맞지 않았어. 그러다 11살 때
학교 뮤지컬에 나온 발레 장면을 보고 충격을 받았어. 보고 있기만 해도
행복했지. 당장 엄마를 졸라서 발레 수업을 듣고 싶었지만 대부분 아주
어렸을 때부터 시작한다는 말을 듣고 포기했어. 뮤지컬에 나온 댄서들처럼
우아하게 점프를 하고 스핀을 하고 싶었지만 숙련된 아이들 틈에서 혼자
어설프고 서투른 초보자가 되고 싶지는 않았지. 엄마는 한 번만 시도해 보고
도저히 못 따라갈 것 같으면 그때 포기하라고 포피를 설득했어. 그 정도면
나쁘지 않을 것 같았어. 아무 기대도 하지 말고 시도해 본 다음 포기해도
되지 뭐. 그런데 일단 시작하니 포피의 걱정은 정말 걱정일 뿐이었어.
선생님은 포피를 따뜻하게 맞아 주었고 다른 학생들도 복잡한 동작을
친절하게 알려 주었어. 포피가 금세 완벽해졌냐고? 물론 아니야. 다른
학생들을 금방 따라잡았냐고? 역시 아니야. 몇 년 동안 배운 학생들과
절대 같아질 수는 없지. 그렇지만 스스로 그만하면 만족스럽다고 생각하고
있어. 무엇보다 남들과 비교하는 걸 멈추고 발레를 즐기기 시작하니
부담감이 사라지고 진정한 즐거움을 찾을 수 있었어.

나를 나답게 만드는 것 찾아내기

다음에 등장하는 소녀들이 자신의 강점과 가치를 깨닫고 집중하여 자신만의 진짜 모습을 찾을 수 있는 방법은 무엇일까?

1. 헤일리는 하루 24시간이 모자라. 테니스와 피아노 때문이야. 테니스장에 있을 때는 시간이 가는 줄 몰라. 네트 너머로 날아다니는 야광 초록색 공밖에 보이지 않거든. 상대방의 공을 어떻게 받아 칠 것인지, 어떤 전략으로 대응할 것인지 저절로 고민하게 되지. 피아노는 좀 지루해. 그래도 밴드에서 키보드를 연주할 때는 즐거워. 아이들과 함께 곡을 쓰고 공연하는 게 재미있어. 테니스와 밴드 모두 스스로를 자신감 넘치는 사람, 낙천적인 사람으로 만들어 주거든.

헤일리는 테니스 대회에 참가해 좋은 성적을 거두기도 하는데, 이건 밴드 연습과 피아노 수업에 빠져야 한다는 뜻이야. 그때문에 밴드 공연에 두어 차례 참여하지 못했더니 멤버들도 화가 난 것 같고, 피아노 선생님은 연습을 게을리 한다고 불만이고, 테니스 코치 선생님은 헤일리가 연습이 끝나자마자 부리나케 가 버린다고 한마디 했어. 여기에 학교 숙제도 있지. 학교 숙제는 늘 이동 중에 차 안에서 하거나 밤늦게 하게 돼. 헤일리는 완전히 지쳤어. 뭔가 돌파구가 필요해.

A. 헤일리는 지금 갈피를 못 잡고 있다. 선생님들은 학교 공부가 늘 첫 번째라고 강조한다. 지금이라도 과외활동을 모두 중단해야 한다.

B. 테니스는 헤일리가 가장 좋아하는 활동이다. 밴드가 재미있더라도 피아노는 그만둬야 한다.

C. 부모님께 현재 상황이 어떤지 솔직하게 이야기한다. 테니스를 할 때 제일 행복하지만 그렇다고 다른 활동을 포기하고 싶지는 않다. 테니스는 재미있고 음악은 창의력을 북돋운다. 피아노 수업을 중단하고 밴드 활동은 계속하거나 밴드 연습에 좀 더 유동적으로 참여하는 방법도 있다.

2. 에마는 동물을 좋아해. 강아지, 고양이, 금붕어, 토끼, 도마뱀, 무슨 동물이든 가리지 않고 돌보는 자원봉사를 하고 있어. 동물과 함께 있으면 마음이 편해지고 힘이 생겨. 심지어 똥을 치울 때도, 도마뱀에게 먹이기 위해 꿈틀대는 귀뚜라미를 맨손으로 잡아야 할 때도 즐겁기만 하지. 에마는 방과 후 과학반에도 등록했어. 힘들긴 하지만 동물을 돌보는 데 도움이 되는 것 같아 끝까지 해 볼 생각이야.

그런데 친구들이 화가 났어. 학교가 끝나면 서로 집으로 몰려가 간식도 먹고 음악도 들었는데, 이젠 동물이 친구들보다 먼저인 것 같다는 거야. 혼자서는 아무것도 할 수 없는 새끼고 양이나 강아지를 돌봐 줄 때 얼마나 행복해지는지, 도마뱀에게 먹이를 주는 법을 마침내 터득했을 때 얼마나 보람이 느껴지는지 알려 주고 싶지만 친구들은 에마가 동물에 집착하는 괴짜라고만 해. 정말 그럴까? 어떻게 하면 친구들의 섭섭함을 풀어 주면서 나의 진짜 모습, 내가 하고 싶은 일을 지킬 수 있을까?

A. 친구들과 좋은 관계를 유지하고 싶다면 방과 후 수업을 중단하고 동물 돌보는 일을 줄여야 한다. 절친들과 어울리는 것이 정상이다. 괴짜라는 평판도 좋지 않다.

B. 당연히 방과 후 수업을 중단해야 한다. 학교가 끝나자마자 달려가서 동물 돌보기를 최대한 빨리 끝내면 친구들과 어울릴 시간이 생길 것이다.

C. 친구들에게 속내를 솔직하게 털어놓는다. 동물이 정말 좋다고 말하면서 힘을 보태 줄 생각은 없는지 물어봐도 좋다. 그래도 괴짜라고 비난한다면 진정한 친구인지 의심해 볼 필요가 있다. 더 이해심 많은 친구들과 어울릴 때 스스로의 진짜 모습을 찾을 수 있을 것이다.

이 이야기를 통해 자신의 진짜 모습을 찾도록 만들어 주는 것이 무엇인지 알 수 있었을 거야. A를 택할 경우 다른 사람들이 나의 정체성, 혹은 내가 해야 할 일을 정하게 돼. 선생님, 친구들, 부모님의 요구에 따르게 되는 거지. 결국 헤일리와 에마는 자신이 진짜 하고 싶은 일을 중단해야 해. B를 택할 경우 타협을 하게 돼. 최악의 시나리오는 아니지만 자신의 진짜 모습을 온전히 찾기는 힘들어. 헤일리는 테니스를 계속할 수 있지만 밴드는 그만둬야 해. 에마는 자신의 동물에 대한 열정을 친구들에게 알려 줄 수 있지만 과학반을 그만둬야 하고. C를 택할 경우 헤일리와 에마 둘 다 자신의 진짜 모습을 온전히 지켜 낼 수 있어. 이건 자신의 가치와 강점을 정확하게 이해하고 이것을 다른 사람들과 솔직하게 공유할 때 가능해. 헤일리는 부모님께 도움을 청하면 테니스와 밴드 활동을 모두 지속할 수 있는 방법을 찾을 수 있을 거야. 에마는 진짜 친구가 무엇인지 답을 찾을 수 있을 거야. 진짜 친구라면 에마가 동물을 사랑하는 마음을 이해해 줄 수 있어야 해. 물론 에마가 솔직하게 자기 마음을 털어놓는 게 먼저겠지.

● 원래 태어날 때부터 그랬다고? ●

사람들은 정말 강점이나 재능을 타고날까? 그런 사람도 있겠지. 별로 노력을 기울이지 않아도 쉽게 최고의 자리에 오르는 것처럼 보이는 사람도 있어. 우리 모두 어느 정도 재능을 타고나기는 해. 반사 신경이 뛰어난 아이들도 있고, 손재주가 좋은 아이들도 있고, 빛의 속도로 단어를 외우는 아이들도 있어. 그런 재능이 있으면 출발이 순조로운 것도 사실이야.

그러나 과학자들이 밝혀 낸 바에 따르면 금메달을 딴 운동선수도, 최고의 상을 탄 배우들도, 혁신을 이뤄 낸 발명가들도 모두 투지와 발전에 대한 욕구가 있었기에 성공할 수 있었다고 해. 투지는 실패를 딛고 끊임없이 시도를 거듭하는 의지이고, 발전에 대한 욕구는 스스로 배움을 통해 발전할 수 있다고 믿는 신념이야. 성취를 이루는 데는 투지가 두뇌보다 중요하다고 주장하는 연구자들도 있어. 지적 능력이나 기술도 연습하면 얻을 수 있기에 발전에 대한 욕구도 필요하지. 이 두 가지를 갖추고 있으면 성공에 다다를 수 있어.

세레나 윌리엄스, 비욘세처럼 성공한 여성들에게 비결을

물어보면 모두 노력, 노력의 반복, 노력의 반복을 가능하게
하는 마음가짐이라고 답할 거야. 남들이 볼 때는 타고난 재
능처럼 보이지만 실제로는 엄청난 노력 끝에 얻은 결실이야.

자신감 클로즈업

모두 매들린을 조용하고 몽상에 빠져 사는 책벌레라고 생각해. 정작
매들린 자신은 그렇게 생각하지 않지만. 매들린은 여학생과 남학생에
대한 고정관념의 차이를 예의 주시하고 있어. 겉으로 확연히 드러나는
고정관념과 감지하기 힘든 고정관념이 모두 존재하지. 그렇게 한동안
관찰한 뒤에 부모님께 여자 고등학교로 전학 가고 싶다고 말씀 드렸어.
여학생들이 재능을 마음껏 펼칠 수 있는 환경이 갖추어져 있다고
판단했기 때문이야. 새 학교에 가 보니 친구들 모두 운동부에서 활약하고
있었어. 가을에는 배구, 겨울에는 농구, 봄에는 소프트볼. 한 가지 문제는
매들린이 달리기나 공 던지기에 젬병이라는 거였어. 그렇다고 관중석에
앉아 있긴 싫었고 운동부의 일원이 되고 싶었지. 엄마가 응원단이 되면
어떻겠냐고 제안했는데 "절대 안 해!"라고 말해 버렸어. 응원단은
경기장 안에서 땀 흘리는 남학생들을 위해 경기장 밖에서 손뼉이나 치는

아이들이라고 생각했거든. 그러다 생각을 바꿨어. "마음을 더 열어야 하지 않을까? 내 친구들을 위해 응원을 하는 거잖아!"

매들린은 강인한 친구들이 자랑스러웠고 기꺼이 그들을 위해 목청껏 소리 지르고 응원을 보낼 수 있겠다고 생각했어. 다른 사람이 정해 놓은 틀에 자신을 가두지 않겠다는 생각으로 이 학교에 왔으니 응원단에 대한 고정관념을 버리고 색다른 응원단이 되어서 경기장을 누비는 친구들을 위해 응원을 하면 되겠다고 결심했어. 응원단이 된 매들린을 보고 온 가족이 놀랐지. 책벌레가 아니었네? 발을 구르고, 소리를 지르고, 선수들을 향해 응원을 보내고····. 매들린은 이제 마음을 활짝 열고 친구들을 위해 열심히 뛰고 있어. 자기 자신을 있는 그대로 내보이면서.

내가 바라는
진짜 내 모습
기대하며

행동하는 친구들

12살 렉시 프록터는 자신의 곱슬머리를 좋아해. 그런데 유치원에 다닐 때 다른 여자아이들이 '머리가 덤불처럼 텁수룩하고 피부가 까맣다'고 놀려 댔어. "왜 그렇게 놀리는지 몰랐고 학교가기가 무서웠어. 남의 시선을 의식하게 됐어. 그래서 헤어스타일을 바꿨어."

몇 년간 곱슬머리를 곧게 펴느라 드라이어로 계속 뜨거운 바람을 뿜어 댔더니 머릿결이 심하게 상했어. 그러다 곱슬머리를 있는 그대로 내버려둔 흑인 소녀의 사진을 보게 됐어. "이 아이는 남들이 뭐라 하든 상관하지 않는 것 같네. 자신감이 넘쳐 보여."

이 용감한 소녀의 사진을 보고 렉시의 머릿속 스위치가 켜졌어. 훌륭한 롤모델이 생긴 거야. 이제 자신의 곱슬머리를 내보일 때가 된 것 같았어. 물론 또 놀림을 당할지도 모른다는 생각에 두렵기도 했지만 거울을 한참 들여다본 뒤 스스로에게 이렇게 말했어. "이제 내 진짜 모습을 찾고 싶어. 내 진짜 모습을 숨기는 아이로 살고 싶지 않아. 남들이 좋아하지 않는다 해도, 그건 그 사람들 문제야! 내 헤어스타일에 대해 뭐라고 할 권리는 없어." 그렇게 몇 차례 되뇐 뒤 이제 진짜 모습을 있는 그대로 보여 줄 수 있게 되어 다행이라는 생각이 들었어. "너무 벅찬 경험이었고, 그 경험을 다른 소녀들과 나누기 위해 책으로 써야겠다고 결심했어. 특히 자신의 머리색과 피부색을 사랑하지 않는 소녀들에게 자신의 진짜 모습을 사랑하는 법을 알려 주고 싶었어."

렉시의 첫 번째 책『곱슬머리 소녀들은 곱슬머리를 좋아한다』, 두 번째 책『아이스크림 이야기: 내 피부 사랑하기』는 그렇게 세상에 나오게 됐어. "우리 집안 사람들은 다 피부색이 제각각이야. 우리 할머니가 친할머니가 아니라고 생각한 사람도 있었어. 그때 상처를 많이 받았지. 할머니는 사람이 아이스크림 같다고 하셨어. 맛은 다 다르지만 결국 다 똑같은 아이스크림이라고."

제 10 장
나에서 우리로 시선을 옮기자

행동과 자신감은 절대 뗄 수 없는 관계야. 행동이 자신감을, 자신감이 행동을 만들어 내는 거지.

행동이 자신감을 향상시킨다. 자신감은 행동을 향상시킨다.

어떤 행동이든 일단 시작했다면 칭찬할 만하지. 이제 나 자신을 위한 행동 외에 다른 행동에 대해서도 생각해 보면 어떨까? 우리 모두를 위한 행동. 이를 '나에서 우리로의 도약'이라고 부르려고 해. 이 도약은 강력한 힘을 발휘하지.

나 VS. 우리 ⌒⌒⌒

지금부터 눈을 감고, 수업 시간에 손을 들고 선생님에게 질문을 하거나 버스기사에게 이번 정류장에서 세워 달라고 말하는 일 같은 나를 위해 어느 정도의 위험을 감수해야 하는 행동을 떠올려 보자. 어떤 기분이 들어?

이제 누군가를 돕는 행동을 생각해 보자. 칭얼대는 여동생을 달래거나 재난 피해자를 돕거나 멸종 위기 동물을 구하는 것처럼 다른 사람을 위한 행동을 떠올려 봐. 다시 눈을 감고 그러한 행동을 하고 있는 스스로를 머릿속에 그려 보자. 어떤 기분이 들어?

두 가지 생각이 불러일으키는 감정에 차이가 있어?

아마 대부분 나 자신이 아닌 타인을 위해 무언가를 한다고 생각하면 더 힘이 솟고, 더 흥분되고, 더 가슴이 뛰고, 더 큰 행복감이 느껴졌을 거야. 가족이든, 친구든, 깨끗한 물이든, 기후 변화나 동물실험 문제든, 가난 극복이든 상관없어. 누구나 나에서 우리로 도약할 때 강한 힘이 솟아나게 되지.

심리학자들은 나에 대한 생각에서 우리에 대한 생각으로 전환할 때 우리 뇌에 많은 변화가 생긴다는 사실을 발견했어. 내가 아닌 타인에 우선순위를 두면 스트레스와 불안감이 줄어들고 행복감이 솟아나. 자신감도 올라가고. 왜냐고? 학자들에 따르면 위험을 감수하거나 행동에 나설 때 남을 의식하게 되는 장애물이 사라지기 때문이라고 해. 대학을 갓 졸업하고 취직한 젊은 여성들의 경우 자기 자신보다는 상관, 부서, 혹은 특정한 명분을 위해 일한다는 생각을 할 때 자신감이 커진다는 연구 결과도 있어.

실제로 남을 돕는 일에 남성보다 여성이 더 매력을 많이 느낀다는 연구 결과가 나오기도 했고. 학자들도 원인을 명쾌하게 설명하진 못했지만 여성의 두뇌 감성 영역이 남성보다 더 발달했기 때문일지도 몰라. 진로를 선택할 때 여성은 사명감이나 가치를 중시하고 사회에 도움이 되는 기업에서 일하려는 경향이 남성보다 강하지. 여러 연구에 따르면, 여성은 열정을 쏟을 수 있는 프로젝트에 참여할 때 더 큰 위험을 감수하고 더 과감한 행동을 한다고 해.

나에서 우리로의 도약

레니는 간질과 당뇨병을 앓는 가족이 있어. 같은 질병으로 고통 받는 이들을 위해 마라톤대회에 참여해서 모금운동을 하고 싶어 해. 하지만 레니도 천식을 앓고 있어 직접 달리기는 힘든 상황이야. 엄마는 모금운동 대신 달리는 사람들에게 물과 오렌지 조각을 나눠주는 자원봉사를 하면 어떻겠냐고 제안했어. 멋진 아이디어야.

케네디가 세상에서 가장 좋아하는 곳은 동네 도서관이야. 아주 어렸을 때부터 매일 도서관에 가서 책을 보거나 남들이 책 읽는 광경을 보며 시간을 보냈어. 도서관에서 북페어 행사를 한다고 했을 때 책 정리를 비롯해 어떤 역할이든 맡아 직접 참여하고 싶었어. 케네디는 북페어에 참여했고 사람들에게 읽을거리를 찾도록 도와주는 일이 얼마나 보람찬지 알게 됐어.

클로이는 엘리베이터가 없는 아파트에 살아. 이웃인 70대 캐롤 할머니는 꼭대기 층에서 고양이들과 함께 살고 있어. 클로이는 할머니의 옛날이야기를 들으며 고양이들과 노는 것이 재미있어. 할머니는 장을 본 날이면 식료품과 고양이 화장실용 모래를 들고 5층까지 걸어서 올라가야 해. 할머니가 걱정된 클로이는 한 가지 아이디어를 냈어. 할머니에게 무거운 짐을 들고 1층 입구에 들어서자마자 자신에게 문자메시지를 보내라고 말씀드린 거야. 할머니의 문자를 받고 달려 나가 짐을 들어드리고 나면 그렇게 뿌듯할 수가 없어.

주의: '나'에서 '우리'로 생각이 커지면 심장도 커진다.

● 소년 전문가 ●

'WE'(우리)라는 조직을 만든 형제의 이야기가 무척 감명이 깊어서 이 코너에 넣었어. 크레이그와 마크 키엘버거는 사회적 기업가야. 돈벌이를 목적으로 하지 않는 기업을 세워서 운영한다는 뜻이지. WE의 주된 일은 세계 각지의 지역사회 구성원들이 긍정적인 사회 변화를 이뤄 낼 수 있도록 돕는 도구를 제공하는 거야. 이를 위해 연령대에 상관없이 열정으로 가득한 젊은이들을 발굴하고 참여시키고 있어. WE 팀은 학교에 모임을 만들고, 참여를 원하는 가족들에게 방법을 제시하고, 프로젝트를 시작하고자 하는 아이들을 지원해.

크레이그는 12살 때까지 극도로 수줍음이 많고 언어장애도 있었어. 그런데 파키스탄에서 자신과 같은 나이의 소년이 아동 노동 착취에 저항하다 총에 맞았다는 기사를 읽고 충격을 받았어. 크레이그는 용기를 내서 같은 반 친구들에게 아동 인권 운동을 하려고 하는데 도와줄 수 있겠느냐고 더듬거리며 물었어. 11명이 참여하겠다고 약속했지. 이 모임이 성장해서 지금은 세계 각지에서 380만 명에 달하는 청소년과 가족들이 WE 일원으로 활동하고 있어. 크레이그는 이렇게 이야기했어. "뭔가를 달성하기 위해 어른이 될 때까지 기다리거나 번듯한 직업이 필요하다고 생각하지 말자. 세상을 바꾸고 싶다면 지금 당장 시작하자."

WE는 새로운 아이디어와 지원이 샘솟는 곳이야. WE의 비전과 활동을 살펴보는 것도 도움이 될 거야. 대의명분을 지키는 일에는 소녀들이 소년들보다 더 적극적으로 참여한다는 사실을 기억하자. 크레이그에 따르면 WE의 청소년 자원봉사자 중 무려 80%가 소녀들이라고 해.

'나에서 우리로의 도약'에는 강인한 정신이 필요하다

자신감 있는 소녀는 자신만의 세상에서 다 함께 사는 세계로 나아가게 되어 있어. 살다 보면 각종 난관과 골칫거리, 불공평한 도전을 맞닥뜨리게 마련이지. 다른 사람들을 지지할 수 있으려면 먼저 자기 자신을 인정하고 지지할 수 있어야 해.

자신감 있는 소녀의 선언문

(이 선언문을 일주일에 한 번 이상 큰 소리로 낭독하자.)

♦ 나는 존중 받을 권리가 있다.

♦ 나는 나만의 영역과 공간을 확보할 권리가 있다.

♦ 누군가가 혹은 무엇인가가 나를 정당하지 않은 이유로 불편하게 만들 경우 강력하게 항의하고 행동할 것이다.

♦ 나는 다른 사람들을 항상 기쁘게 해 줄 필요가 없다.

♦ 친구들과 가족에게 충실해야 하지만 동시에 나의 가치와 윤리에도 충실해야 한다.

♦ 나는 내 행동의 결과를 책임질 수 있을 만큼 강인하다.

♦ 도움이 필요할 경우 신뢰할 수 있는 어른을 찾아 도움을 요청한다.

자신감 워밍업

자, 이제 시작해 보자. 나만의 강점과 가치를 나열해 놓은 리스트를 다시 살펴보자. 어떤 것이 흥미를 자극하거나 분노를 불러일으키는 것 같아? 다음 사례를 살펴보면 도움이 될 거야.

1. 학교 친구들이 누군가에 대해 흉을 보거나 부정적인 고정관념을 퍼트리고 있어. 어떻게 반응해야 할까?

　A. 왕따를 당하는 기분이 어떤지 아는 친구들과 함께 뭉친다.

B. 나와 의견이 같은 친구들, 담임 선생님, 혹은 상담 선생님과 더 안전하고 모두가 즐거울 수 있는 학교 환경을 조성하는 법에 대해 함께 고민한다.

C. 타인에 대한 혐오를 반대하는 동호회를 만드는 과정을 온라인에서 찾아본다.

2. 학교식당 앞에 쓰레기 더미가 쌓여 있어. 아이들이 함부로 쓰레기를 버리고 갔나 봐. 어떻게 해야 할까?

A. 쓰레기 분리수거와 거름 만들기 프로그램을 시작하는 데 힘을 보탠다.

B. 다른 아이들과 모임을 만들어 지역 봉사 활동 시간에 쓰레기를 치운다.

C. 쓰레기 더미 사진을 찍어 학교 신문에 제보한다.

3. 학교 복장 규정이 부당하다고 생각되어 화가 치밀어 오를 때 어떻게 행동해야 할까?

A. 학생회 선거에 출마해 당선되면 부당한 규정을 없애기 위해 노력한다.

B. 다른 학생들과 위원회를 결성하고 교장 선생님과 만나 변화의 가능성을 모색한다.

C. 소셜미디어에서 만난 또래들에게 다른 학교 복장 규정

은 어떻게 바뀌고 있는지 물어본다.

내 능력 안에서 타인을 도울 수 있는 방법은 얼마든지 있다는 사실을 잊지 말자. 합창단에서 노래를 부르거나 학생회 선거에 출마하거나 동생의 고민을 들어주면 청중의 귀를 즐겁게 하고 공약을 통해 다른 학생들에게 자극을 주고 동생의 마음을 다독여 주는, 남을 돕는 행동을 하게 되는 거야.

나만의 리듬을 찾자: 좀 더 적극적인 행동을 위한 조언

행동의 규모가 커지고 목표가 분명해지면 적극적인 행동과 실천이 가능해져. 다만 무턱대고 슈퍼 히어로처럼 망토를 휘날리며 달려 나가기 전에 다음 세 가지를 읽고 기억해 두도록 하자.

목표가 필요하다! 어떤 목표가 되었든 이를 널리 알리거나 기록해 두면 달성할 가능성이 높아진다는 연구 결과가 있어. 목표를 달성하고 나면 뇌의 쾌락 중추가 활성화된다고 해. 매일 아침식사 거르지 않기나 일기 쓰기 같은 소소해 보이는 목표도 이루고 나면 쾌락 중추에서 만족감을 느끼는 거지. 단, 절대 완벽주의에 발목을 잡히지 않도록 조심하자! 목표를 설정하되 유연성이 있어야 해. 그렇지 않으면 리스트에 나열되어 있지 않다는 이유로 중간중간 찾아오는 기회를 보지 못한 채 놓칠 수 있으니까. 목표는 언제든 조정할 수 있어. 목표는 최종 목적지가 아니라 나를 전진하게 만드는 도구일 뿐이야.

함께할 친구가 필요하다! 무엇을 하기로 결정하든 나와 의견이 비슷하고 관심사를 공유하는 친구들을 찾아야 해. 백지장도 맞들면 낫다고 하잖아. 친구들과 힘을 모으면 더 많이 배울 수 있고 더 즐겁게 행동할 수 있어. 낯선 친구들과 대화를 시도하거나 탄원서에 서명을 받는 방법을 통해 관심사를 공유하는 사람을 찾을 수 있을 거야. 신뢰할 수 있는 어른과 브레인스토밍을 해도 좋아.

재스민은 외톨이에 가까웠어. 계속 겉도는 주변인인 것 같았지. 인터넷에서 기본 교육도 제대로 받지 못하는 다른 나라 소녀들의 실상을 알아보는 데 많은 시간을 보냈어. 그렇게 한참을 온라인 세상에 머물다 나오면 더 고립된 느낌이 들곤 했지. 결심하기까지 쉽지 않았지만 재스민은 상담 선생님을 찾아가 여학생들로 구성된 위원회를 만들고 이 문제를 논의해 보고 싶다고 말했어. 그래서 상담 선생님의 도움을 받아 회의 자리를 마련했고, 여학생들이 많이 참석했어. 모두 재스민만큼 그 문제에 관심이 많았던 거야. 재스민은 다른 여학생들과 함께 일하고 대화를 나누는 것이 정말 즐겁다는 걸 깨달았어. 힘을 합치니 목표를 이룰 수 있겠다는 생각이 들어!

말 한마디에도 진정성을 담는다! 목소리는 나를 표현할 수 있는 가장 강력한 도구야. 또한 사용하는 어휘가 풍부할수록 '행동하는 소녀'로 도약할 가능성이 높아. 교실에서 발표를 할 때나 문자를 작성할 때나 항상 능동적이고 긍정적이고 명확하게 자신을 표현하도록 하자. 긴장이 될 때는 '나에서 우리로의 도약'을 되새겨 봐. 나 자신이 아니라 타인을 위해 목소리를 내는 것임을 곱씹으면 자신감이 상승할 거야. 또한 그렇게 자신의 목소리를 내는 행위 자체가 또래 친구들에게 영감을 줄 수 있어.

앨리스는 학교에서 견학을 갔다가 한 가지 거슬리는 점을 발견했어. 여학생들은 모두 무리의 뒤쪽에 모여 서서 전혀 질문을 하지 않았어. 남학생들만 손을 들고 질문을 했지. 앨리스는 집에 돌아가 엄마에게, 여자아이들은 실수를 할까 봐 두려워서 행동을 하지 않는 것 같다고 말했어. 앨리스는 엄마와 함께 걸스카우트 회의에 참가해서 이 문제를 안건으로 제시했어. 그리고 걸스카우트 회원들과 함께 "손을 듭시다"라고 쓴 배지를 만들어 판매하기로 했어. 배지는 순식간에 매진됐어.

여기서 얻을 수 있는 교훈은? 여학생들은 정보도 풍부하고 머리도 좋아. 그러니 앞에 나서서 손을 들 수 있는 자신감을 키워야 해. 정답 따위는 몰라도 괜찮아.

자신감 워밍업

자신의 말버릇이 어떤지 알고 있어? 스스로를 낮추거나 조롱하듯 말하면 겸손하게 들린다고 생각하진 않니? 우리 모두 이런 습관이 있어. 그러나 '행동하는 소녀'가 되기 위해서는 버려야 할 습관이야. 우리는 모두 강해! 평소 말버릇에서도 그 강함을 나타내도록 하자.

이렇게 말하지 말자
"바보 같은 질문일 수도 있는데…."
"저기, 미안한데, 방해 좀 해도 될까?"
"아무거나 다 괜찮아."
"이 프로젝트 괜찮을까? 난 잘 모르겠어."

이렇게 말해 보자
"안녕, 지금 얘기 좀 해도 될까?"
"나 질문이 있어."

"난 저 영화 보고 싶어. 너는?"

"이 프로젝트 정말 대단한 것 같아."

사과하는 기계? 불필요하게 사과하는 습관이 전염병처럼 번져 있어서 아예 따로 다뤄 볼까 해. 여성들은 유독 '미안하다'는 말을 자주 하는 것 같지 않아? 다른 사람의 기분을 상하게 했거나, 대화를 방해했거나, 친구와의 약속 시간에 늦는 잘못을 저질렀다면 당연히 사과해야지. 그러나 많은 소녀들은 아무 잘못을 하지 않았을 때도 미안하다는 말을 입에 달고 살아. 일부 사회학자들은 여성들이 타인의 감정 상태에 민감하기 때문에 이런 현상이 일어난다고 봐. 예를 들면 카페에서 점원이 실수를 했을 때도 "미안한데요, 딸기 주스가 아니라 키위 주스를 주문했는데요"라고 말할 때가 있지. 또 상대방과 의견이 다를 때 "나는 동의하지 않아" 앞에 "미안한데"라는 말을 넣으면 덜 공격적으로 들린다고 생각하나 봐. 이유가 무엇이든, 미안하다는 말을 입에 달고 있으면 자신감이 없어 보일 수밖에 없어.

　나는 미안하다는 말을 얼마나 자주 하는지, 그때마다 진심이었는지 한번 생각해 보면 어떨까? 전혀 미안하지 않은데 대화를 '미안한데'로 시작하지는 않아? 농구를 하다 골을 넣지 못했다고, 복도에서 다른 사람과 살짝 스쳤다고 자동적으로 사과하고 있지 않아? 정말 미안할 때만 사과해야 더 솔직하고 강인한 인상을 줄 수 있고 사과의 진정성을 인정받을 수 있어.

남들을 좀 귀찮게 해도 괜찮아! 누구나 행동주의에 동감하지는 않아. 변화는 결코 쉽지 않고, 아예 변화를 외면하려는 사람들도 많아.

나는 교실에서 키우는 기니피그가 주말에 돌봐 주는 이 없이 혼자 남는다는 사실이 불편해. 그래서 선생님을 찾아가 학생들이 차례로 기니피그를 금요일 오후에 집에 데려갔다가 월요일에 다시 데려올 수 있도록 문서를 만들어 서명을 받으면 어떻겠냐고 제안했어. 선생님은 신경 써야 할 일이 한 가지 더 늘어난다고 생각해서 별 관심이 없었어. 선생님을 귀찮게 하는 것 같지만 동물 복지를 위한 일인만큼 가치가 있다고 생각해서 밀어붙였어. 그리고 직접 문서를 작성하고 아이들의 서명도 받아 잘 마무리하겠다고 말씀드렸어.

명심하자! 자신감도 전염돼. 내가 자신감이 넘치면 가깝게 지내는 친구들에게도 퍼져 나가지. 자신감 있고 긍정적인 사람들과 어울리면 이성적 사고를 담당하는 뇌의 전두엽 피질이 활성화되어 나 역시 자신감이 차오르거든. 연구에 따르면, 여성들은 자신이 믿는 친구나 존중하는 사람이 권유할 경우 위험을 감수하고 적극적으로 행동하는 경향이 강해진다고 해.

자신감 워밍업

친구에게 이렇게 말해 보자.

> 학생 선거에 출마해 봐.
> 벼룩시장에 참가해서 쓰지 않는 액세서리를 판매해 봐.
> 학교 스포츠팀에 지원해 봐.
> 평소 써 놓았던 SNS를 모아서 책으로 내 봐.
>
> _____ (빈칸을 채워 보자.)

내 말 한마디가 큰 영향력을 발휘할 수 있어. 내 말에 영향을 받은 친구들이 주변 사람들에게 다시 영향을 준다면 영감을 받은 사람들의 수는 계속 늘어날 거야.

행동한다는 것은 내가 살고 있는 세상에 내가 규정할 수 있는 방식으로, 크든 작든 변화를 일으킨다는 뜻이야. '이마니, 자신의 힘을 발견하다(2편)'을 살펴볼까? 이마니는 자신의 관심사를 발전시키기 위해 가만히 있지 않고 행동했어. 결국 자신감을 쌓고 스트레스에서 벗어나고 '이 정도면 충분히 잘했다'는 생각을 할 수 있게 되었지. 이마니처럼 우리도 관심사를 찾고 활용해 '행동하는 소녀들'의 일원이 되어 보면 어떨까?

이마니, 자신의 힘을 발견하다 (2편)

엄마, 너무 힘들어요. 게다가 다른 아이들과 외모도 달라서 실수를 하면 더 티가 날 것 같아요.

엄마도 알아. 많이 힘들지? 지금은 시험이나 숙제 말고 다른 걸 생각해 보자. 뭐 재밌는 일 없었니?

얼마 전에 봤던 다큐멘터리가 자꾸 생각나요. 파키스탄 소녀들은 학교에 가지 못한대요. 불공평해요.

넌 지금 너무 여러 가지를 한꺼번에 다 하려고 하는 것 같아. 얼마 전 같이 읽었던 내용 기억하지? '목표에 따라 행동하자.'

그 다큐멘터리가 계속 생각나면 거기에 네 시간을 써야 할 것 같아. 이것저것 다 하려고 하지 말고.

음, 그럴까요?

다음 날

책 한 권, 컴퓨터 한 대 없는 학교도 많단다.

책을 팔아서 모금을 해 볼까요?

그래, 학생들도 기꺼이 책을 살 것 같구나.

아이들이 올까?

책 벼룩시장

와야지. 안 그러면 우리가 책을 다 사야 할 텐데.

일주일 뒤 벼룩시장

대단하다, 이마니. 이 정도면 학교 한 곳에 도서관을 만들어 줄 수도 있어.

다행이에요. 가능하면 계속 돕고 싶어요.

말랄라

그래, 과학 숙제가 완벽하진 않지만 이 정도면 충분해. 과학 숙제는 여기서 마무리하고, 우리 학교와 자매 결연을 맺을 파키스탄 학교를 찾아보자.

행동하는 친구들

15살 새러 샤마이는 아이티에 다녀온 엄마로부터 현지 고아원의 어려운 사정을 전해 들었어. 엄마는 소녀들을 위한 속옷 같은 생필품이 많이 부족하다고 했어. "속옷이 없는 생활은 상상하기 힘들어. 그래서 그렇게 기본적인 생필품을 기부할 생각을 못 할 수도 있어. 소녀들이 속옷이 필요하다고 요청하기도 어려울 거야. 소녀들의 고충에 공감할 수 있었고 돕고 싶었어." 그러나 새러는 소극적인 성격이었기에 시작이 쉽지 않았어. 가장 먼저 가까운 친구들과 가족에게 계획을 알렸어. "내 안전 구역을 벗어나기가 무서웠지만 그래도 그 소녀들을 도와야겠다는 생각에 용기를 냈어."

새러는 처음 기부 받은 속옷들을 아이티로 보냈어. 일단 시작을 하니까 힘이 솟았지. 기부금을 모으기 위해 여러 사람 앞에서 연설을 하기도 했어. '아이티 소녀들에게 속옷을 보내 주세요'라는 웹사이트도 만들었고 아이티에도 여러 차례 다녀왔어. "기대도 하지 않았는데 이렇게 많은 사람들의 지원을 받게 되어 기쁘고 놀라웠어." 새러는 친구들과 함께 만든 빵과 케이크를 시장에서 판매하고 사람들의 후원을 받아 5km 마라톤 대회에 출전하는 방법으로 지원의 경로를 넓히고 있어. "누구나 다른 사람을 도울 수 있어. 우린 그렇게 약하지 않아."

자신감 상승 공식

8장부터 10장에서 가장 중요한 문장은 바로 이것! '있는 그대로의 자신을 드러내자!'야.

1. 위험을 감수하자!
2. 생각을 줄이자!
3. 있는 그대로의 자신을 드러내자!

공식의 마지막 퍼즐이 맞춰졌어. 3번을 마음속에 새겨 두고 완벽주의나 다른 사람들의 기준, 비현실적인 기대치에 맞춰야겠다는 생각 따위는 없애 버리자. 있는 그대로의 자신을 드러낼 때 더욱 강인하고 자신감 넘치는 사람이 될 수 있으니까.

제 11 장
나만의 자신감 공식 만들기

드 디어 정리의 시간이 왔어. 이제껏 다룬 내용을 토대로 나만의 자신감 공식을 완성하면 돼. 1부, 2부, 3부 끝에서 자신감 상승 공식을 차례차례 완성하며 이미 예시를 했지만 공식을 만드는 과정을 한번 더 설명할게. 이번 장은 단순하면서도 강력한 자신감 상승 공식을 만들어 내기 위한 화이트보드라고 생각하면 될 것 같아.

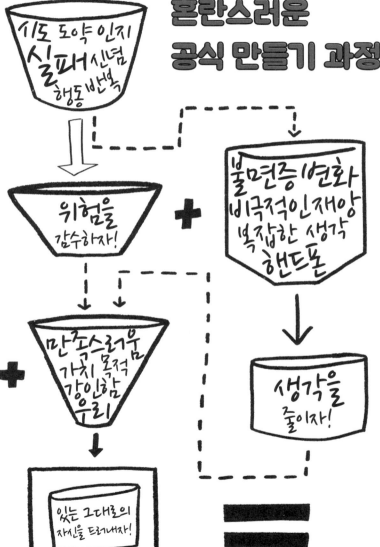

위험을 감수하자!

+

생각을 줄이자!

+

있는 그대로의 자신을 드러내자!

자신감 상승 공식

이러한 과정을 거쳐 만들어진 자신감 상승 공식은 이렇게 정리해 볼 수 있어.

나만의 공식 만들기

이 공식을 따르다 보면 자신감 상승 궤도에 올라설 수 있어. 그러나 모두가 예외 없이 똑같은 공식을 따라야 하는 것은 아니야. 자신에게 맞는 공식을 선택하면 돼. 메뉴를 보고 마음에 드는 음식을 고르듯이 말이야! (이 장에서는 나만의 자신감 상승 공식 만드는 법을 상세히 설명할 거야.)

위험을 어떻게 감수할 것인지, 생각을 어떻게 줄여 나갈 것인지, 진짜 모습을 어떻게 드러낼 것인지에 대한 자신만의 답을 갖고 있어야 효과적인 공식이 나올 수 있어. 공식을 완성한 후에도 얼마든지 수정할 수 있어. 마음 가는 대로, 필요한 만큼 수정하면 돼. 아래에 소개하는 친구들의 사례를 참고하면 도움이 될 거야. 여기에 등장한 아이디어를 참고해도 좋고 새로운 아이디어를 만들어 내도 좋아.

위험을 감수하자

- 매일 새로운 일 시도하기
- 불가능해 보인다고 해서 피하지 않기
- 용감해지기
- '절대 안 된다'는 생각은 하지 않기
- 어려울수록 보람이 크다는 사실 명심하기
- 절대 포기하지 않기

- 새로운 친구 사귀기

생각을 줄이자
- 집착하지 않기
- 재미있게 지내고 싸우지 않기
- 온라인 채팅 시간 줄이기
- 산책하기
- 운동하기
- 악기 연주하기
- 머릿속이 시끄러울 때 볼륨 꺼 버리기

있는 그대로의 자신을 드러내자
- 나에게 중요한 일 하기
- 입었을 때 행복해지는 옷 입기
- 책에 완전히 몰입하는 나 자신을 자랑스럽게 여기기
- 스스로의 그림 실력 칭찬하기
- 내 생각을 솔직하게 얘기하기
- 사람들이 나를 이해하지 못해도 심각하게 받아들이지 않기
- 나를 있는 그대로 받아들이기

꿀팁!

이 책에서 제시한 '위험을 감수하자/생각을 줄이자/있는 그대로의 자신을 드러내자' 공식을 어떻게 변형할지 아직 고민 중이라면 다음 방법을 참고해도 좋아. 자신감 공책을 꺼내서 나만의 강점과 가치를 다시 한번 살펴보도록 하자. 건강하고 긍정적인 목표 리스트를 훑어보는 것도 상상력을 자극하는 데 도움이 될 수 있어.

아니면 다음과 같은 방식으로 정리할 수도 있어.
나는 _____을 할 것이다.
나는 _____을 하지 않을 것이다.
나는 _____이다.

다른 소녀들은 공식을 어떻게 정리했는지 살펴볼까?

제인은 이렇게 썼어.
절대 물러서지 않기 / 무슨 일이든 미루지 않기
친구들과 달라 보여도 걱정하지 않기
인디아가 만든 공식이야.
가능한 한 다양한 친구들과 점심 먹기 / 내 기분 숨기지 않기

가족과 시간 보내기

다음은 샬롯의 공식이야.

매 학기 새로운 일 시도하기 / SNS '좋아요' 개수에 연연하지 않기 / 남들이 비웃더라도 나만 행복하다면 상관하지 않기

델라는 이렇게 적었어.

포기하지 않기 / 다른 사람의 시선 신경 쓰지 않기 나 자신을 있는 그대로 받아들이기

마지막으로 포피의 공식이야.

매일 새로운 일 한 가지씩 시도하기 / 핸드폰 보는 시간 줄이기 내가 정말 중요하게 생각하는 일 하기(발레!)

공식 실행!

나만의 자신감 상승 공식을 만들기 위한 요소들이 준비되었으면, 이번 장 마지막 페이지에 있는 그림을 복사하거나 핸드폰으로 찍어 인쇄해 봐. 직접 그려도 되고. 그림 안에 자신감 상승을 위한 요소를 하나씩 적어 넣은 뒤 책상 위나 침대 옆에 붙여 둬. 혹은 SNS에 올려 친구들과 공유해도 좋아. 공식을 여러 개 만들 수도 있고, 이미 만든 공식을 일주일, 한 달, 혹은 일 년에 한 번씩 수정할 수도 있어. 공식은 나를 나답게 만드는 것을 반영해야 의미가 있기 때문에 계속 달라질 수밖에 없고 달라져도 괜찮아.

자신감이 한번 상승하기 시작하면 공식도 이에 맞추어 바뀌어야겠지. 눈에 잘 띄는 곳에 놓아두고 늘 보면 본능처럼, 핸드폰으로 문자를 보내듯이 자연스럽게, 마치 자전거 타는 법을 몸이 기억하듯 공식을 따르게 될 거야.

자, 이제 이 책을 내려놓고 나만의 자신감 공식을 만들어 보자. 할 수 있어!

＊ 복사하거나 핸드폰으로 찍어 인쇄해서 활용하기 ＊

감사의 말

~~~~~~

이 프로젝트를 진행하면서 수많은 이들에게 아낌없는 지원과 도움을 받았다. 삽화를 그려 준 낸 로슨과 청소년이 공감할 수 있게 글을 멋지게 다듬어 준 질엘린 라일리에게 감사한다. 우리 프로젝트를 기획 단계부터 지지해 준 현명하고 인내심 많은 편집자 새러 사전트에게도 진심으로 감사한다. 그리고 우리의 인터뷰에 응해 주었던 수많은 소녀들의 협력이 없었다면 이 책이 나올 수 없었을 것이다. 우리를 믿고 자신들의 경험, 강점과 약점을 공유해 준 소녀들과 그 가족들에게 감사를 표시하고 싶다. 그들의 목소리를 통해 이 책에 개연성과 의미, 유머가 더해질 수 있었다.

이 책은 성인을 위한 연구와 조사를 바탕으로 하고 있기는

254

하지만 내용과 관점은 전혀 다르다. 우리는 소녀들의 주의를 사로잡으면서 상호작용을 유도하는 내용, 그들의 생활습관과 사고방식을 좋은 쪽으로 바꾸는 데 도움이 되는 인지행동치료 기법을 다양하게 담으려고 애썼다. 또한 이 책에 나오는 퀴즈와 조언은 모두 과학적 근거가 확실하면서 동시에 소녀들의 공감을 불러일으킬 수 있어야 했다. 이를 위해 레이첼 시몬스, 보니 주커, 필리스 페이겔 같은 심리학자들이 전체 내용을 검토한 뒤 솔직한 의견을 공유해 주었다. 이들 덕분에 우리의 자신감 또한 크게 상승했다. 이 책을 읽을 청소년 독자들과 그들과 함께하는 지지자들에게도 감사한다. 이 책이 부디 우리의 진짜 모습을 찾는 데 도움이 되기를 바란다.

제1부。그 친구는 왜 자신감이 있을까?

Bandura, Albert. "Self-efficacy: Toward a unifying theory of behavioral change." Psychological Review 84, no. 2(1977): 191–15. https://doi.org/10.1037/0033-295x.84.2.191.

Kepecs, Adam, Naoshige Uchida, Hatim A. Zariwala, and Zachary F. Mainen. "Neural Correlates, Computationand Behavioural Impact of Decision Confidence." Nature 455, no. 7210 (2008): 227–1. https://doi.org/10.1038/nature07200.

Park, Nansook, and Christopher Peterson. "Achieving and Sustaining a Good Life." Perspectives on Psychological Science 4 (2009): 422–8. https://doi.org/10.1111/j.1745-6924.2009.01149.x.

Park, Nansook, and Christopher Peterson. "Positive Psychology and Character Strengths: Application to Strengths-Based School Counseling." Professional School Counseling 12, no. 2 (2008): 85–2. https://doi.org/10.5330/psc.n.2010-12.85.

Rosenberg, Morris. Conceiving the Self. New York: Basic Books, 1979.

Seligman, Martin E. Learned Optimism: How to Change Your Mind and Your Life. New York: Random House Digital, 2011.

Markman, Art. "How Writing To-Do Lists Helps Your Brain (Whether or Not You Finish Them)." Fast Company, September 6, 2016. www.fastcompany.com/3063392/how-writing-to-do-lists-helps-yourbrain-even-when-you-dont-comple.

Mueller, Pam A., and Daniel M. Oppenheimer. "The Pen Is Mightier Than the Keyboard." Psychological Science 25, no. 6 (2014): 1159–8. https://doi.org/10.1177/0956797614524581.

Wax, Dustin. "Writing and Remembering: Why We Remember What We Write." Lifehack. June 30, 2017. www.lifehack.org/articles/featured/writing-andremembering-why-we-remember-what-we-write.html.

Briñol, Pablo, Richard E. Petty, and Benjamin Wagner. "Body Posture Effects on Self-Evaluation: A Self-Validation Approach." European Journal of Social Psychology 39, no. 6 (2009): 1053–4. https://doi.org/10.1002/ejsp.607.

Cuddy, Amy J. C. "Want to Lean In? Try a Power Pose." Harvard Business Review, March 20, 2013. Accessed September 13, 2017. https://hbr.org/2013/03/want-to-lean-in-try-a-power-po-2.

Locke, E. A., and G. P. Latham. "Building a Practically Useful Theory of Goal Setting and Task Motivation: A 35-Year Odyssey." American Psychologist 57, no. 9 (2002): 705–7. www.farmerhealth.org.au/wp-content/uploads/2016/12/Building-a-Practically-Useful-Theoryof-Goal-Setting-and-Task-Motivation-A-35-Year-Odyssey.pdf.

Adams, A. J. "Seeing Is Believing: The Power of Visualization." Flourish!, December 3, 2009. www.psychologytoday.com/blog/flourish/200912/seeing-is-believing-the-power-visualization.

Sheard, Michael, and Jim Golby. "Effect of a Psychological Skills Training Program on Swimming Performance and Positive Psychological Development." International Journal of Sport and Exercise Psychology 4, no. 2 (2006): 149–9. https://doi.org/10.1080/161219 7x.2006.9671790.

Duckworth, Angela. Grit: The Power of Passion and Perseverance. London: Vermilion, 2017.

Miller, Caroline Adams. Getting Grit: The Evidence-Based Approach to Cultivating Passion, Perseverance, and Purpose. Boulder, CO: Sounds True, 2017

Seligman, Martin E. Learned Optimism: How to Change Your Mind and Your Life. New York: Random House Digital, 2011.

Rowling, J. K. "The Fringe Benefits of Failure, and the Importance of Imagination." Harvard Gazette, June 5, 2008. https://news.harvard.edu/gazette/story/2008/06/text-of-j-k-rowling-speech.

Nessif, Bruna. "Watch: Beyoncé's Video Message Part 2." E! Online. December 17, 2013. www.eonline.com/news/491914/beyonce-says-message-behind-latest-album-isfinding-the-beauty-in-imperfection-watch-now.

Alcott, Louisa May. Little Women. New York: Bantam, 1886.

Salzberg, Sharon. The Kindness Handbook: A Practical Companion. Boulder, CO: Sounds True, 2008.

Salzberg, Sharon. Real Happiness: The Power of Meditation: A 28-Day Program. New York: Workman, 2011.

"Growth Mindset Asking for Help." Teaching Superkids. October 23, 2016. www.teachingsuperkids.com/growth-mindset-asking-for-help/.

Brown, Brené. Daring Greatly: How the Courage to Be Vulnerable Transforms the Way We Live, Love, Parent, and Lead. New York: Avery, 2015.

Brown, Brené. The Gifts of Imperfection: Let Go of Who You Think You're Supposed to Be and Embrace Who You Are. Center City, MN: Hazelden, 2010.

Brown, Brené. Rising Strong: How the Ability to Reset Transforms the Way We Live, Love, Parent, and Lead. New York: Random House, 2017.

Dweck, Carol S. Mindset: Changing the Way You Think to Fulfil Your Potential. London: Little, Brown, 2012.

Krakovsky, Marina. "Researchers: If You Want a Favor, Ask and Ask Again." Insights. September 19, 2013. www.gsb.stanford.edu/insights/researchers-if-you-want-favor-ask-ask-again.

Voyer, Daniel, and Susan D. Voyer. "Gender Differences in Scholastic Achievement: A Meta-analysis." Psychological Bulletin 140, no. 4 (2014): 1174–04. https://doi.org/10.1037/a0036620.

Revinga, Ana, and Sudhir Shetty. "Empowering Women Is Smart Economics." Finance & Development, March 2012. www.imf.org/external/pubs/ft/fandd/2012/03/revenga.htm.

Noland, Marcus, Tyler Moran, and Barbara Kotschwar. "Is Gender Diversity Profitable? Evidence from a Global Survey." Peterson Institute for International Economics. February 2016. https://piie.com/publications/wp/wp16-3.pdf.

Volden, Craig, and Alan E. Wiseman. Legislative Effectiveness in the United States Congress: The Lawmakers. New York: Cambridge University Press, 2014.

"Facts and Figures: Leadership and Political Participation." UN Women. Last modified July 2017. www.unwomen.org/en/whatwe-do/leadership-and-political-participation/facts-and-figures.

"Women in Science, Technology, Engineering, and Mathematics (STEM)." Catalyst. March 29, 2017. www.catalyst.org/knowledge/women-sciencetechnology-engineering-and-mathematics-stem.

"The Narrowing, but Persistent, Gender Gap in Pay." Pew Research Center. April 3, 2017. www.pewresearch.org/fact-tank/2017/04/03/gender-pay-gap-facts.

제2부 。 자신감은 과학이다

Lynd-Stevenson, Robert M., and Christie M. Hearne. "Perfectionism and Depressive Affect: The Pros and Cons of Being a Perfectionist." Personality and Individual Differences 26, no. 3 (1999): 549–2. https://doi.org/10.1016/s0191-8869(98)00170-6.

Mitchelson, Jacqueline K. "Perfectionism." Journal of Occupational and Organizational Psychology 82, no. 2 (2009): 349–7. https://doi.org/10.1348/096317908x314874.

Nolen-Hoeksema, Susan, Blair E. Wisco, and Sonja Lyubomirksy. "Rethinking Rumination." Perspectives on Psychological Science 3, no. 5 (September 2008): 400–4. https://doi.org/10.1111/j.1745-6924.2008.00088.x.

Beck, Judith S. Cognitive Behavior Therapy: Basics and Beyond. 2nd ed. New York: Guilford, 2011.

Beck, Judith S. Cognitive Therapy for Challenging Problems: What to Do When the Basics Don't Work. New York: Guilford, 2005.

Burns, David D. The Feeling Good Handbook. New York: Plume, 1999.

Zucker, Bonnie. Anxiety-Free Kids: An Interactive Guide for Parents and Children. Waco, TX: Prufrock, 2008.

Zucker, Anxiety-Free Kids.

Mendelberg, Tali, Chris Karpowitz, and Lee Shaker. "Gender Inequality in Deliberative Participation." American Political Science Review 106, no. 3 (2012):533–7. https://doi.org/10.1037/e511862012-001.

Schmader, Toni, and Brenda Major. "The Impact of Ingroup vs Outgroup Performance on Personal Values." Journal of Experimental Social Psychology 35, no. 1(1999): 47–7. https://doi.org/10.1006/jesp.1998.1372.

Achiron, R., and A. Achiron. "Development of the Human Fetal Corpus Callosum: A High-Resolution, Cross-Sectional Sonographic Study." Ultrasound in Obstetrics and Gynecology 18, no. 4 (2001): 343–7. https://doi.org/10.1046/j.0960-7692.2001.00512.x.

Amen, Daniel G. Unleash the Power of the Female Brain: Supercharging Yours for Better Health, Energy, Mood, Focus, and Sex. New York: Random House Digital, 2013.

Ankney, C. Davison. "Sex Differences in Relative Brain Size: The Mismeasure of Woman, Too?" Intelligence 16, no. 3 (1992): 329–6. https://doi.org/10.1016/0160-2896(92)90013-h.

Apicella, C., A. Dreber, B. Campbell, P. Gray, M. Hoffman, and A. Little. "Testosterone and Financial Risk Preferences." Evolution and Human Behavior 29, no. 6 (2008): 384–0. https://doi.org/10.1016/j.evolhumbehav.2008.07.001.

Brizendine, Louann. The Female Brain. New York: Random House Digital, 2007.

Coates, J. M., and J. Herbert. "Endogenous Steroids and Financial Risk Taking on a London Trading Floor." Proceedings of the National Academy of Sciences 105, no. 16 (2008): 6167–2. https://doi.org/10.1073/pnas.0704025105.

Corbier, P., A. Edwards, and J. Roffi. "The Neonatal Testosterone Surge: A Comparative Study." Archives of Physiology and Biochemistry 100, no. 2 (1992): 127–1.

Evans, Alan C. "The NIH MRI Study of Normal Brain Development." NeuroImage 30, no. 1 (2006): 184–02. https://doi.org/10.1016/j.neuroimage.2005.09.068.

Gillies, Glenda E., and Simon McArthur. "Estrogen Actions in the Brain and the Basis for Differential Action in Men and Women: A Case for Sex-Specific Medicines." Pharmacological Reviews 62, no. 2 (2010):155–8. https://doi.org/10.1124/pr.109.002071.

Gurian, Michael. Boys and Girls Learn Differently! A Guide for Teachers and Parents. San Francisco: Jossey-Bass, 2011.

Haier, Richard J., Rex E. Jung, Ronald A. Yeo, Kevin Head, and Michael T. Alkire. "The Neuroanatomy of General Intelligence: Sex Matters." NeuroImage 25, no. 1 (2005): 320–7. https://doi.org/10.1016/j.neuroimage.2004.11.019.

Hsu, Jung-Lung. "Gender Differences and Age-Related White Matter Changes of the Human Brain: A Diffusion Tensor Imaging Study." NeuroImage 39, no. 2 (January 15, 2008): 566–7. https://doi.org/10.1016/j.neuroimage.2007.09.017.

Kanaan, Richard A., Matthew Allin, Marco Picchioni, Gareth J. Barker, Eileen Daly, Sukhwinder S. Shergill, James Woolley, and Philip K. Mcguire. "Gender Differences in White Matter Microstructure." PLoS ONE 7, no. 6 (2012). https://doi.org/10.1371/journal.pone.0038272.

Kilpatrick, L. A., D. H. Zald, J. V. Pardo, and L. F. Cahill. "Sex-Related Differences in Amygdala Functional Connectivity during Resting Conditions." NeuroImage 30, no. 2 (April 1, 2006): 452–1. https://doi.org/10.1016/j.neuroimage.2005.09.065.

Kimura, Doreen. "Sex Differences in the Brain." Scientific American 267, no. 3 (1992): 118–5.

Lemay, Marjorie, and Antonio Culebras. "Human Brain—orphologic Differences in the Hemispheres Demonstrable by Carotid Arteriography." New England Journal of Medicine 287, no. 4 (1972): 168–0. https://doi.org/10.1056/nejm197207272870404.

Magon, Angela Josette. "Gender, the Brain and Education: Do Boys and Girls Learn Differently?" master's thesis, University of Victoria, 2009. http://citeseerx.ist.psu.edu/viewdoc/download?doi=10.1.1.456.6637&rep=rep1&type=pdf.

Reed, W. L., M. E. Clark, P. G. Parker, S. A. Raouf, N. Arguedas, D. S. Monk, E. Snajdr, et al. "Physiological Effects on Demography: A Long-Term Experimental Study of Testosterone's Effects on Fitness." American Naturalist 167, no. 5 (2006): 667–3. https://doi.org/10.1086/503054.

Sacher, Julia, Jane Neumann, Hadas Okon-Singer, Sarah Gotowiec, and Arno Villringer. "Sexual Dimorphism in the Human Brain: Evidence from Neuroimaging." Magnetic Resonance Imaging 31, no. 3 (April 2013): 366–5. https://doi.org/10.1016/j.mri.2012.06.007.

Takeuchi, Hikaru, Yasuyuki Taki, Yuko Sassa, Hiroshi Hashizume, Atsushi Sekiguchi, Tomomi Nagase, Rui Nouchi, et al. "White Matter Structures Associated with Emotional Intelligence: Evidence from Diffusion Tensor Imaging." Human Brain Mapping 34, no. 5(2011): 1025–4. https://doi.org/10.1002/hbm.21492.

Wager, Tor D., K. Luan Phan, Israel Liberzon, and Stephan F. Taylor. "Valence, Gender, and Lateralization of Functional Brain Anatomy in Emotion: A Metaanalysis of Findings from Neuroimaging." NeuroImage 19, no. 3 (2003): 513–1. https://doi.org/10.1016/s1053-8119(03)00078-8.

Paul, Marla. "Touching Tarantulas." Northwestern Now, May 21, 2012. https://news.northwestern.edu/stories/2012/05/spider-phobia.

Beck, Cognitive Behavior Therapy.

Clark, David A., and Aaron T. Beck. The Anxiety and Worry Workbook: The Cognitive Behavioral Solution. New York: Guilford, 2011.

Amabile, Teresa M., and Richard J. Kramer. "The Power of Small Wins." Harvard Business Review, May 2011. http://yorkworks.ca/default/assets/File/PowerOfSmallWins(1).pdf.

Nittono, Hiroshi, Michiko Fukushima, Akihiro Yano, and Hiroki Moriya. "The Power of Kawaii: Viewing Cute Images Promotes a Careful Behavior and Narrows Attentional Focus." PLoS One 7, no. 9 (September 26, 2012). https://doi.org/10.1371/journal.pone.0046362.

Fredrickson, B. L., M. A. Cohn, K. A. Coffey, J. Pek, and S. M. Finkel. "Open Hearts Build Lives: Positive Emotions, Induced through Loving-Kindness Meditation, Build Consequential Personal Resources." Journal of Personality and Social Psychology 95, no. 5(2008): 1045–2. https://doi.org/10.1037/a0013262.

Tang, Y.-., B. K. Holzel, and M. I. Posner. "The Neuroscience of Mindfulness Meditation." Nature Reviews Neuroscience 16, no. 4 (2015): 213–5. https://doi.org/10.1038/nrn3916.

"Understanding the Stress Response." Harvard Health. Last updated March 18, 2016. www.health.harvard.edu/staying-healthy/understanding-the-stress-response.

Briñol, Pablo, Margarita Gasco, Richard E. Petty, and Javier Horcajo. "Treating Thoughts as Material Objects Can Increase or Decrease Their Impact on Evaluation." Psychological Science 24, no. 1 (2012):41–. https://doi.org/10.1177/0956797612449176.

Watkins, P., K. Woodward, T. Stone, and R. Kolts. "Gratitude and Happiness: Development of a Measure of Gratitude and Relationships with Subjective Well-Being." Social Behavior and Personality: An International Journal 31, no. 5 (August 2003): 431–2. https://doi.org/10.2224/sbp.2003.31.5.431.

Kearney, Christopher A. Helping School Refusing Children and Their Parents: A Guide for School-Based Professionals. Oxford: Oxford University Press, 2008.

Holt-Lunstad, Julianne, Timothy B. Smith, Mark Baker, Tyler Harris, and David Stephenson. "Loneliness and Social Isolation as Risk Factors for Mortality." Perspectives on Psychological Science 10, no. 2 (March 11, 2015): 227–7. https://doi.org/10.1177/1745691614568352.

Holt-Lunstad, Julianne, Timothy B. Smith, and J. Layton. "Social Relationships and Mortality Risk: A Metaanalytic Review." PLOS Medicine 7, no. 7 (July 2010).

Gouin, Jean-Philippe, Biru Zhou, and Stephanie Fitzpatrick. "Social Integration Prospectively Predicts Changes in Heart Rate Variability Among Individuals Undergoing Migration Stress." Annals of Behavioral Medicine 49, no. 2 (2014): 230–8. https://doi.org/10.1007/s12160-014-9650-7.

Taylor, S. E., L. C. Klein, B. P. Lewis, T. L. Gruenwald, ConfidenceCode_int_des4_cc15.indd 294 1/30/18 9:23 AM 295 R. A. R. Gurung, and J. A. Updegraff. "Biobehavioral Responses to Stress in Females: Tend-and-Befriend, Not Fight-or-Flight." Psychological Review 107, no. 3 (2002): 411–9. https://taylorlab.psych.ucla.edu/wp-content/uploads/sites/5/2014/10/2000_Biobehavioral-responses-to-stress-in-females_tendand-befriend.pdf.

Harvard Women's Health Watch. "The Health Benefits of Strong Relationships." Harvard Health, December 2010. www.health.harvard.edu/newsletter_article/the-health-benefits-of-strong-relationships.

Adams, R. E., J. B. Santo, and W. M. Bukowski. "The Presence of a Best Friend Buffers the Effects of Negative Experiences." Developmental Psychology 47, no. 6 (2011): 1786–1. https://doi.org/10.1037/a0025401.

Christakis, N. A., and J. H. Fowler, "Social Contagion Theory: Examining Dynamic Social Networks and Human Behavior." Statistics in Medicine 32, no. 4(February 20, 2013): 556–7. http://fowler.ucsd.edu/social_contagion_theory.pdf.

Albert, Dustin, Jason Chein, and Laurence Steinberg. "The Teenage Brain: Peer Influences on Adolescent Decision Making." Current Directions in Psychological Science 22, no. 2 (April 16, 2013): 114–0. https://doi.org/10.1177/0963721412471347.

Lenhart, Amanda. "Teens, Technology and Friendships." Pew Research Center: Internet, Science & Tech. August 6, 2015. www.pewinternet.org/2015/08/06/teens-technology-and-friendships.

Wallace, Kelly. "50% of Teens Feel Addicted to Their Phones, Poll Says." CNN. July 29, 2016. www.cnn.com/2016/05/03/health/teens-cell-phone-addictionparents/index.html.

Lenhart, "Teens, Technology and Friendships."

Lenhart, Amanda. "Chapter 5: Conflict, Friendships and Technology." Pew Research Center: Internet, Science & Tech. August 6, 2015. www.pewinternet.org/2015/08/06chapter-5-conflict-friendships-andtechnology.

Sherman, Lauren E., Ashley A. Payton, Leanna M. Hernandez, Patricia M. Greenfield, and Mirella Dapretto. "The Power of the Like in Adolescence." Psychological Science 27, no. 7 (2016): 1027–5. https://doi.org/10.1177/0956797616645673.

Soat, Molly. "Social Media Triggers a Dopamine High." Marketing News, November 2015. www.ama.org/publications/MarketingNews/Pages/feeding-theaddiction.aspx.

"Cyber Bullying Statistics." NoBullying—ullying &CyberBullying Resources. June 12, 2017. https://nobullying.com/cyber-bullying-statistics-2014.

제3부。 나한테 잘해야 자신감이 쌓인다

Homayoun, Ana. The Myth of the Perfect Girl: Helping Our Daughters Find Authentic Success and Happiness in School and Life. New York: Perigee, 2013.

Simmons, Rachel. The Curse of the Good Girl: Raising Authentic Girls with Courage and Confidence. NewYork: Penguin, 2010.

Hewitt, Paul L., and Gordon L. Flett. "Perfectionism in the Self and Social Contexts: Conceptualization, Assessment, and Association with Psychopathology." Journal of Personality and Social Psychology 60, no. 3(1991): 456–0. https://doi.org/10.1037//0022-3514.60.3.456.

Hewitt, Paul L., and Gordon L. Flett. "Perfectionism in the Self and Social Contexts." Lynd-Stevenson, "Perfectionism and depressive affect."

Marano, Hara Estroff. "Pitfalls of Perfectionism." Psychology Today, March 1, 2008. Updated June 9, 2016. www.psychologytoday.com/articles/200803/pitfalls-perfectionism.

Mitchelson, "Perfectionism."

Sullivan, Bob, and Hugh Thompson. The Plateau Effect: Getting From Stuck to Success. New York: Dutton, 2013.

Marano, "Pitfalls of Perfectionism."

Antony, Martin M. "Cognitive-Behavioral Therapy for Perfectionism." Lecture, Anxiety and Depression Association of America, April 9, 2015. https://adaa.org/sites/default/files/Antony_MasterClinician.pdf.

"Statistics on Girls & Women's Self Esteem, Pressures & Leadership." Heart of Leadership. Accessed October 31, 2017. http://www.heartofleadership.org/statistics.

"Beauty Redefined: Girls and Body Image." 2010. www.girlscouts.org/content/dam/girlscouts-gsusa/forms-and-documents/about-girl-scouts/research/beauty_redefined_factsheet.pdf.

"Body Image and Nutrition." Teen Health and the Media. Accessed November 13, 2017. http://depts.washington.edu/thmedia/view.cgi?section=bodyimage&page=fastfacts.

Dove Self-Esteem Project. "Girls and Beauty Confidence: The Global Report." 2017. www.unilever.com/Images/dove-girls-beauty-confidence-report-infographic_tcm244-511240_en.pdf.

Peterson, Christopher, and Martin E. P. Seligman. Character Strengths and Virtues: A Handbook and Classification. Oxford: Oxford University Press, 2004.

Reckmeyer, Mary, and Jennifer Robison. Strengths Based Parenting: Developing Your Children's Innate Talents. New York: Gallup Press, 2016.

"The VIA Survey." Values in Action Institute. Accessed November 1, 2017. www.viacharacter.org/www/Character-Strengths-Survey.

Waters, Lea. The Strength Switch: How the New Science of Strength-Based Parenting Can Help Your Child and Your Teen to Flourish. New York: Avery, 2017.

Duckworth, Grit.

Ericsson, K. Anders, Ralf T. Krampe, and Clemens Tesch-Romer. "The Role of Deliberate Practice in the Acquisition of Expert Performance." Psychological Review 100, no. 3 (1993): 363–06. https://graphics8.nytimes.com/images/blogs/freakonomics/pdf/DeliberatePractice.pdf.

Gladwell, Malcolm. Outliers: The Story of Success. NewYork: Little, Brown, 2011.

Crocker, Jennifer, and Jessica Carnevale. "Self-Esteem Can Be an Ego Trap." Scientific American, August 9, 2013. www.scientificamerican.com/article/self-esteem-can-be-ego-trap.

Stulberg, Brad, and Steve Magness. "Be Better at Life by Thinking of Yourself Less." New York, June 6, 2017. http://nymag.com/scienceofus/2017/06/be-better-at-lifeby-thinking-of-yourself-less.html.

Stulberg, Brad, and Steve Magness. Peak Performance: Elevate Your Game, Avoid Burnout, and Thrive with the New Science of Success. Emmaus, PA: Rodale, 2017.

Soutschek, Alexander, Christopher J. Burke, Anjali Raja Beharelle, Robert Schreiber, Susanna C. Weber, Iliana I. Karipidis, Jolien Ten Velden, et al. "The Dopaminergic Reward System Underpins Gender Differences in Social Preferences." Nature Human Behaviour 1, no. 11 (2017): 819–7. https://doi.org/10.1038/s41562-017-0226-y.

"What Men, Women Value in a Job." Chap. 3 in "On Pay Gap, Millennial Women Near Parity—or Now." Pew Research Center's Social & Demographic Trends Project. December 10, 2013. www.pewsocialtrends.org/2013/12/11/chapter-3-what-men-women-valuein-a-job.

Locke, Edwin A. "Motivation through Conscious Goal Setting." Applied and Preventive Psychology 5, no. 2 (1996): 117–4. https://doi.org/10.1016/s0962-1849(96)80005-9.

Campbell-Meiklejohn, Daniel, Arndis Simonsen, Chris D. Frith, and Nathaniel D. Daw. "Independent Neural Computation of Value from Other People's Confidence." Journal of Neuroscience 37, no. 3(January 18, 2017): 673–4. https://doi.org/10.1523/jneurosci.4490-15.2017.

"Science Proves Confidence Is Contagious." Barron's. January 24, 2017. www.barrons.com/articles/science-proves-confidence-is-contagious-1485216033.

Zomorodi, Manoush. "What Google Is Doing to Solve Its Gender Problem." Note to Self (podcast), April 29, 2015. www.wnyc.org/story/google-test-case-gender-bias.

Boschma, Janie. "Why Women Don't Run for Office." Politico. June 12, 2017. www.politico.com/interactives/2017/women-rule-politics-graphic.

🖤 자신감 노트 🖤

- **좋아하고 잘하는 일**

1.

2.

3.

4.

5.

6.

- **자신 없는 일**

1.

2.

3.

4.

5.

6.

나의 롤모델 리스트

1.

2.

3.

4.

5.

6.

7.

8.

9.

10.

11.

12.

13.